세상을 바꾼 놀라운
발명 이야기

그래서 이런 발명품이 생겼대요

우리누리 글 | 이창우 그림

길벗스쿨

책머리에

'필요는 발명의 어머니'라는 말을 들어 본 적이 있나요? 이 말은 인류의 역사를 따라 이어 온 수많은 발명품들이 사람들의 필요에 의해 생겨났다는 뜻이에요. 우리가 생활하면서 이런저런 기능이 있으면 좋겠다고 생각하는 것, 사용하다가 불편하다고 느끼는 것에서 발명은 시작되지요.

무거운 것을 힘을 덜 들이고 운반하기 위해 바퀴가 탄생했고, 하늘을 날고 싶은 욕망이 비행기를 탄생시켰어요. 또 어두운 밤을 낮처럼 환하게 비추기 위해 전구가 탄생했고, 복잡한 계산을 쉽고 빠르게 하기 위해서 컴퓨터가 탄생했지요.

물론 모든 발명품들이 필요에 의해서만 생겨나지는 않았어요. 전자레인지, 티백, 수정액 등등 우연히 탄생한 발명품도 있으니까요.

발명 동기야 어떻든 간에 수많은 발명품들은 인간의 삶을 크게 변화시켜 왔어요. 문자가 발명되었기에 선사 시대가 역사 시대로 전환될 수 있었고, 나침반이 발명되었기에 유럽 사람들이 신항로를 개척할 수 있었어요. 또 종이와 인쇄기가 발명되었기에 지식 문화가 크게 발달했지요.

현재 우리는 우주 공간에 우주 정거장을 세우고 화성에 탐사 로봇을 보내는 최첨단 과학 시대를 살아가고 있어요. 인류의 역사는 곧 발명의 역사라고 해도 과언이 아니지요.

　이 책은 세상을 바꾼 발명품, 생활을 편리하게 해 준 발명품, 실수로 또는 우연히 탄생한 발명품, 자연에서 보고 배운 발명품, 인류에게 도움이 되었지만 해가 되기도 한 발명품 등 여러 발명품들의 탄생 과정과 그 쓰임을 자세히 소개하고 있어요.

　책을 펼치고 발명품의 탄생 과정을 되짚어 가다 보면 인류의 역사와 문화가 그림처럼 쉽고 재미있게 펼쳐질 거예요. 또 발명품을 탄생시키기 위해 밤낮으로 고군분투했던 발명가들의 이야기는 또 다른 감동을 전해 줄 거예요.

　자, 그럼 지금부터 흥미로운 발명품 이야기 속으로 여행을 떠나 볼까요?

글쓴이 우리누리

차례

1장 세상을 바꾼 발명품들

- 12 학문의 발전에 지대한 공헌을 한 **종이**
- 14 수많은 사람들의 목숨을 빼앗은 **화약**
- 16 미지의 세계로 가는 길을 연 **나침반**
- 18 지식의 대중화를 이끈 **인쇄기**
- 20 의학계에 불어온 놀라운 변화 **현미경**
- 22 우주의 신비를 풀어 준 **망원경**
- 24 번개로부터 사람들의 안전을 지켜 주는 **피뢰침**
- 26 화마로부터 생명과 재산을 보호하는 **소화기**
- 28 산업 혁명의 출발점이 된 **증기 기관**
- 30 멀리 있는 사람의 목소리를 생생하게 **전화기**
- 32 어두운 밤을 환하게 밝혀 주는 **백열전구**
- 34 하늘의 문을 연 **비행기**
- 36 지구를 살릴 수 있는 새로운 장치 **태양 전지**
- 38 전염병에 대한 승리 **예방 접종**
- 40 수술의 고통으로부터 해방시켜 준 **마취제**
- 42 생명 연장의 꿈 **인공 심장**
- 44 몸속의 상태를 보여 주는 **내시경**
- 46 통신 수단의 혁명 **휴대 전화**
- 48 인류의 삶을 바꾼 위대한 기계 **컴퓨터**
- 50 전 세계를 하나로 연결하는 **인터넷**
- 52 아프리카 사람들의 생명을 지키는 **라이프 스트로**

2장 생활을 편리하게 해 준 발명품들

- 56 음식을 더 빠르고 맛있게 조리하는 **압력솥**
- 58 치아의 건강을 지켜 주는 **칫솔**
- 60 음료의 온도를 일정하게 유지시켜 주는 **보온병**
- 62 이발소에서 아이디어를 얻어 탄생한 **면도기**
- 64 눈에 직접 붙이는 편리한 렌즈 **콘택트렌즈**
- 66 눈부신 태양을 피하는 방법 **선글라스**
- 68 신발 끈 매기 귀찮아 만들게 된 **지퍼**
- 70 사랑하는 아내를 위해 만든 **일회용 반창고**
- 72 바퀴의 대변신 **공기 타이어**
- 74 다리 아프게 올라가지 않아도 돼 **엘리베이터**
- 76 음식이 상하는 걸 더 이상 두고 볼 수 없어! **냉장고**

- 78 시원한 바람으로 더위를 날려 주는 **선풍기**
- 80 여성을 가사 노동에서 해방시켜 준 **세탁기**
- 82 곳곳에 쌓인 먼지를 순식간에 제거해 주는 **진공청소기**
- 84 가만히 앉아서 채널을 바꾸고 싶어 **리모컨**
- 86 아무 때나 물건을 살 수 있는 **자동판매기**
- 88 찍고 바로 볼 수는 없을까? **폴라로이드 카메라**
- 90 교통사고를 멈추게 하라! **신호등**
- 92 탑승자의 목숨을 지키는 **안전벨트**
- 94 계단 대신 편리하게 오르내릴 수 있는 **에스컬레이터**
- 96 언제 어디서든 결제가 자유로운 **신용 카드**
- 98 언제 어디서든 내 돈을 찾고 싶어 **현금 인출기**
- 100 편리한 막대기 부호 **바코드**
- 102 쉽게 떼었다 붙였다 할 수 있는 **포스트잇**
- 104 시각 장애인들을 위한 글자 **점자**

3장 실수로 또는 우연히 탄생한 발명품들

- **108** 화학 약품을 섞다 우연히 발명한 **성냥**
- **110** 철사를 꼬다 우연히 탄생한 **안전핀**
- **112** 손장난을 하다가 우연히 만들게 된 **지우개 달린 연필**
- **114** 홧김에 구멍 하나 뚫었을 뿐인데 **주전자 뚜껑의 구멍**
- **116** 페인트칠을 구경하다가 떠올린 **수정액**
- **118** 초콜릿에서 힌트를 얻은 **커터칼**
- **120** 포장용 주머니까지 담가 버릴 줄이야! **티백**
- **122** 버려진 천막 천이 패션 아이콘으로 **청바지**
- **124** 유리 막대기에서 우연히 탄생한 **나일론**
- **126** 놀고 있는 아이들에게서 얻은 아이디어 **청진기**
- **128** 우연히 발견한 신비로운 빛 **엑스선**
- **130** 어? 막대 사탕이 왜 이렇게 녹았지? **전자레인지**
- **132** 라디오를 고치려다 우연히 탄생한 **십자나사못**

4장 자연에서 보고 배운 발명품들

- **136** 장미 덩굴에서 탄생한 **가시철조망**
- **138** 고양이 눈처럼 밤에도 반짝이는 **도로표지병**
- **140** 배좀벌레조개에게서 배운 굴착 비법 **터널 굴착기**
- **142** 잠자리처럼 하늘을 나는 비행기 **헬리콥터**
- **144** 박쥐의 초음파에서 힌트를 얻은 **레이더**
- **146** 물총새 부리에서 힌트를 얻은 **고속 열차**

148 강아지 발바닥의 비밀 **보트 슈즈**
150 우엉 열매를 보고 만든 **벨크로**
152 상어처럼 빠르게 헤엄칠 수 있는 **전신 수영복**

5장 착한 발명품일까, 나쁜 발명품일까?

156 화장실은 깨끗해졌지만 물을 오염시키는 **수세식 변기**
158 싸고 간편하지만 썩지 않는 **플라스틱**
160 건설 현장에서도 전쟁에서도 널리 쓰이는 **다이너마이트**
162 우주를 향한 꿈일까, 인류를 위협하는 무기일까? **로켓**
164 우리는 시원하지만 오존층은 파괴되는 **에어컨**
166 흙먼지는 없지만 유해 물질을 내보내는 **인조 잔디**
168 세균을 죽이고 더 강한 세균을 키우는 **항생제**
170 해충도 죽이고 사람도 죽이는 **디디티**
172 수확량은 늘지만 생태계를 교란시키는 **유전자 재조합 식품**
174 강력한 에너지가 인류에 재앙을 불러온다면? **핵에너지**

176 **부록** 위대한 발명 연표

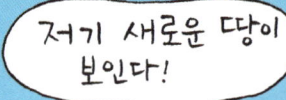

1장 세상을 바꾼 발명품들

종이   피뢰침   태양 전지   컴퓨터
화약   소화기   예방 접종   인터넷
나침반   증기 기관   마취제   라이프 스트로
인쇄기   전화기   인공 심장
현미경   백열전구   내시경
망원경   비행기   휴대 전화

학문의 발전에 지대한 공헌을 한
종이

　종이가 발명되기 전, 사람들은 목판이나 나무껍질, 점토, 동물의 뼈나 가죽 등에 기록을 했어요. 예를 들어, 먼 옛날 메소포타미아 지방에서는 점토판에 글을 썼고 고대 이집트 사람들은 파피루스(나일 강 유역에서 자라는 갈대. 이 갈대를 종이처럼 가공한 것도 파피루스라고 함.)에 글을 썼지요.

　현재 우리가 쓰는 것과 비슷한 종이는 중국에서 처음으로 발명되었어요. 105년, 황실의 환관이었던 채륜이라는 사람이 만들었지요.

　채륜이 만든 종이는 뽕나무가 주재료예요. 뽕나무 껍질을 잘게 잘라 물에 불리고 방망이로 두들겨서 섬유질을 뺀 후, 햇볕에 말려서 만들었어요. 채륜이 만든 종이는 사람들에게 큰 인기를 끌었지요.

"여보게, 내가 오늘 종이를 사 왔다네."

"오호, 이게 말로만 듣던 종이로군! 값도 싸고 글도 잘 써진다면서?"

"그렇다고 하더군. 이제 값비싼 비단이나 무거운 나무판자에 글을 쓸 필요가 없어."

사실 채륜이 종이를 만들기 이전에도 중국에는 이미 종이가 있었어요. 그러나 풀솜이나 마를 펴서 만든 것이어서 너무 거칠어 글을 쓰기에는 알맞지 않았고 주로 포장지로 쓰였지요. 하지만 채륜이 만든 종이는 표면이 매끄러우면서도 가볍고 질겨 글을 쓰기에 적당했어요. 재료 또한 값싸고 쉽게 구할 수 있었지요.

먼 옛날 중국 사람들은 대나무나 나무판자, 혹은 비단에 글을 썼어요. 하지만 나무는 보관과 이동이 어렵고 비단은 값이 비싸서 일부 상류층만이 쓸 수 있었지요. 그러다 보니 학문과 지식은 귀족들만의 것이었어요. 그런데 값싸고 편리한 종이가 등장하자 세상이 바뀌기 시작했어요. 문자의 기록이 쉬워졌고 누구든 쉽게 가지고 다닐 수 있었지요. 그 결과 학문이 크게 발전하게 되었어요.

만약 인류사에서 종이가 발명되지 않았다면 인간의 과학 수준은 1,000년 정도 뒤처졌을 거라고 해요.

수많은 사람들의 목숨을 빼앗은
화약

850년경에 중국에서 쓰인 문헌을 살펴보면 이런 글이 나와요.

"초석(질산칼륨), 황, 탄소를 혼합하지 말라! 이 물질들을 섞으면 폭발이 일어나 손과 얼굴에 화상을 입고 집 전체가 불타 버린다."

아마도 중국의 연금술사들이 이런저런 물질을 섞어 무언가를 만들려다가 폭발 사고가 일어난 것으로 보여요. 이 발견은 훗날 화약이 탄생하는 데 결정적인 역할을 했지요.

화약을 만드는 방법이 처음으로 발견된 것도 중국의 문헌이에요. 1044년에 쓰인 《무경총요》라는 책에는 화약을 만들려면 초석과 황과 숯을 어떤 비율로 혼합해야 하는지 나와 있어요. 또 화약을 장착한 무기인 화창을 쏘는 방법이 나와 있지요. 창에 대나무 관을 묶고 그 안에 화약을 넣은 다음 도화선에 불을 붙이는 거예요. 그러면 창이 적진을 향해 힘차게 날아가 폭발을 일으키지요. 당시 주로 사용하던 창과 방패에 비하면 화창의 위력은 실로 어마어마했을 거예요.

이후 화약을 사용한 새로운 무기는 점점 늘어 갔어요. 도자기로 만든 공 안에 화약을 채워 넣어 수류탄을 만들고, 커다란 폭탄도 만들었지요. 12세기 무렵에는 대나무로 만든 소총에도 화약이 쓰였어요.

그 후 화약은 아라비아와 몽골을 거쳐 유럽에까지 전해졌지요.

화약이 전쟁 무기로 쓰이기 전, 중세 유럽에서는 전쟁이 나면 기사들이 무거운 갑옷과 투구를 쓰고 말에 올라 칼이나 창을 휘두르며 싸웠어요. 성을 무너뜨릴 때는 투석기로 돌을 세속 쏘아 대야 했지요. 그런데 화약을 사용하게 되면서 전쟁의 모습이 크게 달라졌어요. 화약을 사용하면 성 전체를 순식간에 산산조각 낼 수 있었지요. 또 적을 포위한 다음 화약을 던지면 적을 간단하게 무너뜨릴 수 있었어요.

결국 화약은 전 세계의 크고 작은 전쟁에서 수많은 사람들의 목숨을 빼앗았어요. 인류에게 가장 큰 고통을 안겨 준 발명품 가운데 하나가 된 거예요.

하지만 화약이 무기로만 쓰이는 건 아니에요. 예를 들어, 폭죽이나 불꽃놀이의 재료이기도 하지요.

미지의 세계로 가는 길을 연
나침반

　약 2,000년 전, 중국에서 일어난 일이에요. 중국의 기술자들이 신기한 것을 발견했지요.
　"이것 좀 봐! 철광석 덩어리가 계속 같은 방향을 가리키고 있어!"
　기술자들은 자기(자석의 성질)를 띤 철광석 덩어리를 이리저리 움직여 보았어요. 그럴 때마다 철광석 덩어리는 스스로 움직여 계속해서 남쪽과 북쪽을 가리켰지요.
　기술자들은 이 '천연 자석'을 이용해서 방향을 알려 주는 기구를 만들기 시작했어요. 그들은 천연 자석을 국자 모양으로 깎고, 이 국자 모양의 자석을 매끄러운 석판이나 청동판 위에 올려 놓았어요. 그러면 국자 모양의 자석은 스스로 움직여 손잡이 부분은 남쪽을, 우묵한 부분은 북쪽을 가리켰어요.

이것이 바로 최초의 나침반이에요. 중국 사람들은 이것을 '사남'이라고 불렀어요. 하지만 사남은 방향을 찾기보다는 풍수나 점을 치는 데 주로 사용했어요. 예를 들어 집터나 무덤 자리를 고를 때 썼지요.

그러다 11세기에 이르러 지금과 비슷한 나침반이 발명되었어요. 이 시기에 나온 중국 책에는 아래와 같은 기록이 있지요.

"나침반 바늘을 가늘고 얇은 철로 오목하게 물고기 모양으로 만들어서 물잔에 띄우면 남쪽을 가리킨다."

"바늘 끝을 자석으로 문지르면 바늘 끝이 남쪽을 가리킨다. 하지만 늘 약간 동쪽으로 기울어져 있다. 정남쪽을 가리키지는 않는다."

학자들은 10세기 무렵부터 중국 사람들이 항해에 나침반을 이용하기 시작했다고 말해요.

중국의 나침반이 서양에 전해진 것은 1300년 무렵의 일이에요. 중국을 오가던 아라비아 상인들이나 유럽 상인들에 의해 전해졌을 거라고 추측되지요.

나침반은 인류 역사를 바꾸는 데 큰 역할을 했어요. 나침반은 미지의 세계를 찾아가는 탐험가나 먼 바다를 항해하는 선원들에게는 꼭 필요한 도구였지요. 콜럼버스도 나침반 덕분에 항해에 성공해 아메리카에 도착할 수 있었어요. 만약 나침반이 없었다면 지금의 미국은 완전히 다른 모습을 하고 있을지도 몰라요.

지식의 대중화를 이끈
인쇄기

　인쇄술이 발명되기 전에는 모든 문서를 일일이 손으로 기록해야 했어요. 그래서 책은 극소수의 사람들만이 가질 수 있는 아주 귀한 물건이었지요.

　그러다 6세기경 중국에서 처음으로 인쇄술을 발명했어요. 목판에 문자나 그림을 새기고 표면에 먹물을 묻혀 종이에 찍어 냈지요. 손으로 쓰는 것보다 훨씬 편리했어요.

　인쇄술이 크게 발전한 건 15세기 중반의 일이에요. 1434년, 독일의 구텐베르크가 본격적으로 인쇄술을 연구하기 시작했어요.

"금화 제조법을 인쇄술에 도입해 보면 어떨까?"

당시에는 금 덩어리를 문양이 새겨진 펀치로 때리는 방법으로 동전을 만들었어요. 구텐베르크는 이 방법을 이용해서 주형(활자를 만드는 틀)을 만들었지요. 그리고 여기에 납과 주석을 녹인 액체를 부어 금속 활자를 만들었어요. 이 금속 활자를 나무틀에 하나하나 심어서 글자를 배열한 다음, 그 위에 잉크를 바른 뒤 종이를 대서 인쇄를 해 보았어요.

"잉크가 잘 묻어나지 않는군. 글씨가 잘 안 보여."

구텐베르크는 인쇄물을 꼼꼼히 살폈어요. 잉크 농도 외에도 종이의 두께, 글자의 간격 등 신경 쓸 것이 한둘이 아니었지요.

1440년, 마침내 구텐베르크는 새로운 인쇄기를 완성했어요. 이 인쇄기로 이전과는 달리 쉽고 빠르게 책을 찍어 낼 수 있게 되었지요.

당시 유럽 사람들은 주로 손으로 베껴서 책을 만들었어요. 그래서 책 한 권을 완성하려면 서의 두 달이 걸렸지요. 그런데 구텐베르크의 인쇄기를 이용하면 일주일 만에 책을 500권이나 찍어 낼 수 있었어요.

구텐베르크의 인쇄술은 '혁명'을 가지고 왔어요. 1450년부터 1500년까지 반세기 동안 유럽 각국에서는 2,000만 권에 달하는 책이 생산되었지요. 책이 대량으로 생산되자 책값이 많이 저렴해졌고 누구든 손쉽게 책을 구입할 수 있었어요. 그 결과 사람들이 접할 수 있는 지식과 정보의 양은 폭발적으로 늘어났고 창작 활동도 활발해졌지요. 인쇄기의 발명으로 문자 문화의 혁명이 시작된 거예요.

그런데 최초의 금속 활자본은 독일이 아니라 우리나라에서 먼저 탄생했어요. 1377년에 찍어 낸 '직지심체요절'이 바로 그것이지요.

의학계에 불어온 놀라운 변화
현미경

　네덜란드에서 안경 만드는 일을 하는 자하리야 얀센과 그의 아버지인 한스 얀센이 원통형의 물건을 들고 이리저리 실험을 해 보고 있었어요.
　"이것 좀 보세요. 관 속에 렌즈를 여러 개 넣으니 물체가 훨씬 커 보여요."
　"어디 한번 보자꾸나."
　정말이었어요. 렌즈 여러 개를 겹쳐서 보니, 렌즈 하나로 볼 때보다 물체가 훨씬 커 보였지요. 이 발견으로 두 사람은 1595년 역사상 최초로 현미경을 발명하게 되었어요.

1660년경, 영국의 과학자 로버트 훅은 현미경을 직접 만들어서 이끼나 파리 같은 작은 것들을 관찰하기 시작했어요. 그러던 어느 날, 코르크 마개가 그의 눈에 띄었지요.

"코르크는 얼핏 보면 단단해 보이는데, 왜 만져 보면 말랑말랑할까?"

현미경을 통해 코르크를 살펴보니 곧 의문이 풀렸어요. 코르크 조각은 벌집처럼 생긴 작은 방으로 이루어져 있었지요. 훅은 이에 '다닥다닥 붙은 작은 방'이라는 뜻의 '셀(cell, 세포)'이라는 이름을 붙여 주었어요. 역사상 처음으로 세포를 발견한 거예요.

그런데 훅이 발견한 세포는 엄밀히 말해서 살아 있는 '진짜 세포'가 아니었어요. 그가 본 것은 죽은 식물 세포의 세포벽이었지요.

1670년, 네덜란드의 안톤 레벤후크는 배율이 270배나 되는 렌즈를 개발했어요. 그는 이 렌즈로 새로운 현미경을 만들었지요. 기존의 현미경에 비해 엄청난 배율을 사랑했어요. 이 현미경으로 관찰해 보니 우리 주변은 매우 작은 생물로 가득 차 있었어요. 인간의 몸 역시 예외가 아니었지요. 정액 속에 정자가 들어 있다는 것도 처음으로 발견했고 살아 있는 세포도 처음으로 발견했어요. 벼룩, 기생충, 적혈구 세포, 모세 혈관 내의 혈액 순환 등을 현미경으로 관찰하고 또 관찰했지요.

레벤후크의 현미경 이후 현대에 이르기까지 계속해서 성능 좋은 현미경이 세상에 나왔어요. 과학자들은 이제 단순히 세포의 발견을 넘어서 세포가 어떻게 이루어져 있는지를 들여다볼 수 있게 되었어요.

현미경의 발달은 모든 과학 분야에 큰 영향을 주었어요. 하지만 뭐니 뭐니 해도 의학이 발달하는 데 가장 큰 공헌을 했답니다.

우주의 신비를 풀어 준
망원경

1608년의 어느 날, 네덜란드의 안경 제작자인 한스 리퍼세이는 아들이 신나게 노는 모습을 한가롭게 지켜보고 있었어요.

"뭐가 그렇게 재미있니?"

"아빠! 이것 좀 보세요. 이렇게 하면 저기 저 교회 탑이 바로 눈앞에 있는 것처럼 크게 보여요."

리퍼세이는 아들을 따라서 두 개의 렌즈 사이를 좁혔다 넓혔다 하면서 멀리 있는 물체를 보았어요. 그랬더니 정말 신기하게도 멀리 떨어진 물체가 가까이 있는 것처럼 크게 보였지요.

"오, 정말 신기하구나!"

리퍼세이의 머릿속에 좋은 생각이 번뜩 떠올랐어요. 그는 곧 기다란 관 안에 오목 렌즈와 볼록 렌즈를 넣은 도구를 만들었어요. 최초로 망원경이 탄생하는 순간이었지요.

망원경은 만들기가 아주 간단해 여기저기에서 쉽게 만들 수 있었어요. 심지어 리퍼세이와 거의 비슷한 시기에 망원경을 발명한 사람이 두 명이나 나왔지요. 결국 망원경은 얼마 안 있어 유럽 전역으로 퍼져 나갔어요.

이듬해인 1609년, 이탈리아의 과학자 갈릴레오 갈릴레이는 배율이 20배나 되는 망원경을 직접 만들었어요. 그는 망원경을 이용해 밤하늘을 관찰하기 시작했어요.

"달 표면은 표면이 거칠고 울퉁불퉁하군……."

갈릴레오는 그 외에도 목성 주위를 도는 네 개의 위성, 태양의 흑점, 토성의 고리, 금성의 위치에 따른 모양과 크기의 변화 등을 관찰했어요. 그의 발견은 천문학이 발달하는 데 큰 영향을 끼쳤지요.

망원경을 발명한 리퍼세이는 망원경이 군사적 목적으로 가장 많이 쓰일 거라고 생각했어요. 망원경으로 멀리 있는 적군의 상황을 살필 수 있으니까요. 하지만 망원경이 가장 큰 영향을 끼친 건 천문학 분야였어요.

이제 망원경은 크나큰 발전을 이루었어요. 지름이 10미터에 이르는 거대 망원경, 지구의 궤도를 돌며 우주를 탐색하는 허블 우주 망원경, 감마선 망원경, 가시광선 망원경, 엑스선 망원경, 적외선 망원경, 자외선 망원경, 전파 망원경 등 여러 망원경들이 우주의 신비를 풀어 가는 데 기여하고 있답니다.

번개로부터 사람들의 안전을 지켜 주는
피뢰침

　18세기 교회의 성직자들은 번개를 '하느님이 죄를 지은 인간에게 내리는 벌이자 재앙'이라고 믿었어요. 그러나 과학자 벤저민 프랭클린의 생각은 달랐어요. 그는 오랜 연구 끝에 번개가 하늘이 내리는 벌이 아니라 일종의 전기 현상이라고 확신했고, 그것을 직접 증명해 보이기로 마음먹었어요.

　1752년 6월 비가 억수같이 쏟아지던 어느 날, 프랭클린은 아들과 함께 연을 하늘 높이 띄웠어요. 연 꼭대기에는 길이가 30센티미터 정도 되는 쇠붙이가 달려 있었고, 연을 매단 실 끝에는 열쇠가 달려 있었지요.

"만약 연이 번개에 맞는다면 전기가 실을 타고 열쇠까지 내려올 거다. 그럼 열쇠에 전기가 느껴질 테니 옆에서 잘 보렴."

잠시 후 먹구름 속에서 번개가 번쩍였어요. 프랭클린은 그 순간을 놓치지 않고 열쇠에 손가락을 갖다 댔어요. 손끝에 찌릿찌릿한 전기가 느껴졌지요.

"내 생각이 맞았어! 번개는 하늘이 내리는 재앙 따위가 아니었어. 번개는 바로 전기였던 거야!"

번개가 전기라는 사실을 증명해 낸 프랭클린은 이 사실을 바탕으로 번개를 피하는 방법을 연구하기 시작했어요. 연구 결과 흥미로운 사실을 발견했어요. 전기는 둥근 모양의 물체에서는 자유롭게 이동할 수 있지만, 모양이 뾰족한 물체에서는 그 안에 갇혀 버리는 성질이 있어요. 따라서 전기가 통하는 뾰족한 물체에 번개가 내리치면 꼼짝없이 모든 전기가 그곳으로 몰리게 되지요. 뒤집어 생각하면 특정한 곳으로 전기가 몰리면 다른 곳은 안전하다는 거예요. 프랭클린은 이 원리를 이용하여 번개로부터 사람들을 지켜 주는 침, 피뢰침을 발명했어요.

피뢰침은 끝이 뾰족한 금속 막대기예요. 천둥 번개나 벼락이 칠 때 피뢰침이 전기를 끌어당기기 때문에 상대적으로 다른 곳은 안전하지요. 그런데 프랭클린이 피뢰침을 발명했을 당시, 사람들은 피뢰침의 효과를 믿지 않았어요. 오히려 피뢰침이 번개를 끌어들일지 모른다고 생각하는 사람들도 있었지요. 하지만 피뢰침에 몰린 번개는 선을 타고 땅속으로 흘러 들어 가기 때문에 안전했고, 피뢰침은 점차 사람들에게 인정받기 시작했어요. 이후 피뢰침은 번개가 내리칠 위험이 있는 고층 건물 꼭대기에 설치되었답니다.

화마로부터 생명과 재산을 보호하는
소화기

영국인 조지 맨비는 길을 걷다 우연히 화재 현장을 목격하게 되었어요. 그런데 소방관이 건물 꼭대기 층에 난 불을 끄지 못해 애를 먹고 있었지요.

"어쩌면 좋아! 소방 호스가 짧아 건물 꼭대기에 닿지 않아요."

"아휴! 다 타 버리게 생겼네."

화재 현장을 바라보며 안타까워하는 사람들 틈에 있던 맨비의 머릿속에 아이디어가 번뜩 떠올랐어요.

'휴대용 소화기가 있으면 어떨까? 그럼 불을 끄는 데 훨씬 효과적일 거야.'

맨비는 그날부터 휴대용 소화기 발명에 몰두하기 시작했어요. 1818년의 어느 날, 드디어 휴대용 소화기 발명에 성공했지요.

"해냈어! 이것만 있으면 어디에 불이 나든 쉽게 끌 수 있을 거야."

맨비가 발명한 소화기는 구리 재질로 되어 있었는데, 그 안에는 14리터 정도의 탄산칼륨이 들어 있었어요. 나머지 공간은 압축 공기(높은 압력을 가하여 부피를 줄인 공기)로 채워 넣었지요. 소화기 윗부분의 마개를 열면 압축 공기가 빠져나가면서 불을 끄는 성질을 가진 탄산칼륨이 먼 거리까지 뿜어져 나왔어요. 이 소화기는 휴대가 가능했기 때문에 소방관들이 들고 다니며 불을 끄기에 유용했지요.

맨비가 소화기를 만든 이후로도 계속해서 성능 좋은 소화기가 발명되었어요. 우리가 흔히 볼 수 있는 분말 소화기는 인산암모늄이라는 가루가 들어 있어서 산소를 차단하고 냉각 효과를 일으켜 불을 끄지요. 이산화탄소 소화기는 이산화탄소가 산소를 차단해 불을 끄는 원리로 만들어졌어요. 하지만 두 소화기 모두 압축 공기를 사용한다는 점에서 맨비의 소화기와 원리가 같지요.

보통 화재가 발생한 지 5분이 지나면 불이 크게 번져요. 그러면 건물 안으로 들어가는 것조차 어려워지지요. 때문에 불이 났을 때 가장 중요한 것은 초기 진압이에요. 이때 각 건물이나 가정에 비치된 휴대용 소화기가 큰 역할을 하지요. 소화기는 전 세계 수많은 사람들의 목숨과 재산을 지킨 위대한 발명품이랍니다.

산업 혁명의 출발점이 된
증기 기관

아주 오랜 옛날부터 몇몇 과학자들은 이런 꿈을 꾸었어요.

'사람의 손을 사용하지 않고 물체를 저절로 움직이게 할 수는 없을까?'

여기에 딱 맞는 방법이 하나 있었어요. 바로 '증기'를 이용하는 거예요. 용기에 물을 넣고 가열하면 수증기가 발생하는데, 그러면 용기 속의 압력이 용기 바깥의 압력보다 높아져요. 이렇게 생긴 압력 차를 이용하면 물체를 움직일 수 있어요. 기원전 250년경, 아르키메데스는 증기의 힘으로 발사하는 대포를 만들었지요.

증기의 힘을 본격적으로 사용하게 된 것은 오랜 시간이 흐른 후였어요. 1693년, 프랑스 인 드니 파팽과 영국인 토머스 세이버리가 증기의 힘을 이용한 양수 펌프(물을 퍼 올리는 기계)를 개발했지요. 하지만 미완성에 가까웠어요. 그리고 1712년, 토머스 뉴커먼이 이것을 개량해 새로운 펌프를 만드는 데 성공했어요. 이 펌프는 탄광에 설치되어 광산에 고인 물을 퍼 올리는 데 사용되었지요. 그런데 이 펌프를 가동하려면 석탄이 너무 많이 들었고 열 손실 또한 무척 높았어요.

"이 기계를 어떻게 보완하면 좋을까?"

1764년, 영국의 기술자 제임스 와트는 뉴커먼이 만든 펌프를 수리하는 일을 맡게 되었어요. 와트는 단순히 기계를 고치는 게 아니라 많은 부분을 개량하는 데 힘을 쏟았지요. 1769년에 와트는 마침내 뉴커먼의 기계보다 열효율이 훨씬 높고, 석탄의 소모량도 4분의 1로 크게 줄어든 기계를 발명했어요. 이로써 진정한 의미의 증기 기관(보일러에서 보낸 증기의 팽창과 응축을 이용하여 피스톤을 왕복 운동시켜 동력을 얻는 기관)이 탄생한 거예요.

와트의 증기 기관은 사람들의 삶을 송두리째 바꾸어 놓았어요. 이전에는 사람들이 각자 집에서 일을 했어요. 하지만 증기 기관에 여러 대의 기계를 연결할 수 있게 되자, 기계 여러 대를 한곳에 모아 놓고 물건을 만드는 공장이 생겨나기 시작했어요. 공장에서 물건이 대량으로 생산되자 물건값이 싸졌어요. 또 증기 기관을 이용한 기차가 탄생하면서 물건과 사람이 쉽게 이동하게 되었지요. 이렇게 산업 혁명이 일어났고, 영국에서 시작된 산업 혁명은 유럽 전체로 퍼지기 시작했어요.

멀리 있는 사람의 목소리를 생생하게
전화기

전화기를 처음 발명한 사람은 알렉산더 그레이엄 벨이에요. 벨은 통신에 관심이 많아서 낮에는 아이들을 가르치고 밤에는 연구실에 틀어박혀 통신 기계를 연구했어요.

'전선을 통해 소리를 보낼 수만 있다면…….'

벨은 전기 통신 기계를 만들고 싶었어요. 물론 쉬운 일은 아니었지요. 전기에 대한 지식이 필요한 일이어서 전기 전문가인 토머스 왓슨의 도움을 받아 가며 연구에 몰두했지요.

1874년, 어느 더운 여름날이었어요. 벨 앞에 놓인 진동판이 '핑' 하고 소리를 냈어요. 진동판은 왓슨이 있는 옆방에 연결되어 있었지요.

"이보게! 자네 지금 무엇을 한 건가?"

"네? 무슨 말씀이시죠?"

"방금 내 방의 진동판이 소리를 냈네."

"진동판이 전자석에 붙어서 그걸 떼어 내려고 진동판을 두들겼을 뿐입니다."

벨은 진동판과 전자석의 연결 상태에 따라 소리를 전류로 바꾸어 전할 수 있다는 것을 알게 되었어요. 벨과 왓슨은 연구에 연구를 거듭하여 1876년, 마침내 전화기를 만드는 데 성공했지요.

같은 해 3월 7일, 전화기 발명으로 특허를 받은 벨과 왓슨은 사람들 앞에서 처음으로 공개 실험을 했어요. 사람들은 흥미진진한 얼굴로 실험을 지켜보았어요.

"왓슨! 이리 와! 자네가 필요해!"

왓슨은 다른 방에서 전선을 타고 흘러온 벨의 목소리를 뚜렷하게 들을 수 있었고, 이를 지켜본 사람들은 놀라움을 금치 못했답니다.

이로써 직접 가지 않아도 먼 거리에 있는 사람과 이야기를 나눌 수 있는 꿈 같은 일이 현실이 되었어요. 하지만 전화가 발명된 초기에는 사람들에게 인기를 얻지 못했어요. 최초의 전화망(사방으로 전화선을 늘이거나 전화 설비를 곳곳에 설치하여 놓은 체계)은 수신 가능 범위가 30킬로미터에 불과했고 전화 교환 기술에도 문제가 많았지요. 하지만 이후 전화 관련 기술은 발전을 거듭했고, 전화기를 이용하는 사람들은 계속해서 늘어났어요. 20세기가 되자 전화기는 여러 산업 국가들에 보급되었답니다.

어두운 밤을 환하게 밝혀 주는
백열전구

"어떻게 하면 빛이 오랫동안 유지되는 전구를 만들 수 있을까?"

깊은 밤, 미국의 발명가 토머스 에디슨은 실험에 열중하고 있었어요. 그의 책상 위에는 무명실, 아마실, 나뭇조각, 종이 등 여러 가지 재료들이 널려 있었어요.

그의 목표는 빛이 오랫동안 유지되는 백열전구를 만드는 거였어요. 백열전구는 전구 속의 필라멘트에 전기를 흘려보내서 열과 함께 빛을 내는 전구인데, 빛을 오래도록 내기 위해서는 전구 속의 필라멘트가 계속해서 탈 수 있어야 했지요. 에디슨은 이것을 위해 필라멘트 재료를 무수히 바꿔 가며 실험을 했어요. 무려 1,200회가 넘는 실험을 거듭했지요.

1879년 10월, 에디슨은 마침내 결실을 이루었어요. 에디슨이 만든 백열전구는 40시간 동안 빛을 냈지요. 이듬해 에디슨은 백열전구로 특허를 받았어요. 그런데 알고 보니, 1878년에 영국의 발명가 조지프 스완이 이미 에디슨의 백열전구와 비슷한 전구를 발명해 특허를 받았어요. 문제가 생길 것을 우려한 에디슨은 스완의 특허를 사들이고 좀 더 성능이 좋은 백열전구를 개발하는 일에 몰두했어요. 다음 해, 마침내 에디슨은 1,200시간 이상 빛을 내는 백열전구를 개발하는 데 성공했지요.

흔히 전구를 처음 발명한 사람으로 에디슨을 떠올리지만, 이전에도 이미 여러 발명가들에 의해 다양한 전구가 발명되어 있었어요. 하지만 밝기를 유지하기가 어려웠고 값이 비싸서, 혹은 안전성이 낮아서 많은 사람들이 사용할 수 없었지요. 그 와중에 에디슨이 이런 문제점을 크게 보완한 전구를 만들어 낸 거예요. 따라서 에디슨은 전구를 이 세상에 처음 내놓은 사람은 아니지만, 처음으로 상업성과 실용성을 갖춘 전구를 탄생시킨 인물이랍니다.

에디슨은 단순히 전구 발명에만 힘쓰지 않았어요. 에디슨이 운영하는 연구소에서는 백열전구를 효율적으로 사용할 수 있도록 발전기와 전력을 운반하는 케이블, 전력 계량기 등을 만들고 보급했지요.

1910년에는 미국 내 약 300만의 가정집과 공장 등이 백열전구로 환하게 밝혀졌고, 이로써 사람들은 밤에도 낮처럼 활발하게 활동할 수 있게 되었답니다.

하늘의 문을 연
비행기

'새처럼 하늘을 날 수 없을까?'

아주 먼 옛날부터 사람들은 하늘을 나는 새를 동경했어요. 사람들은 상상과 신화 속에서 하늘을 나는 인간의 모습을 그려 보곤 했지요.

세월이 흘러 과학 기술이 발전하자 사람들은 서서히 하늘과 가까워지기 시작했어요. 1783년, 프랑스의 몽골피에 형제가 만든 열기구가 사람을 태우고 하늘을 나는 데 성공했어요. 1799년에는 영국의 조지 케일리가 글라이더를 발명했어요. 또 비슷한 시기에 증기로 움직이는 무인 모형 비행기가 만들어졌지요.

20세기 초, 미국의 윌버 라이트와 오빌 라이트 형제는 비행 기술을 연구하고 있었어요. 하늘을 나는 비행기를 만드는 것은 오랫동안 간직해 온 그들의 꿈이었지요.

"증기로 비행기를 날게 하는 데는 한계가 있어. 모터가 있으면 더 좋을 것 같아."

"행글라이더는 높이 날 수 있지만 바람에 따라 움직일 수밖에 없어. 방향을 조정할 수 있는 장치가 필요해."

두 사람은 마침내 사람이 탈 수 있는 동력 비행기인 '플라이어 1호'를 완성했어요. 1903년 12월 17일, 라이트 형제는 플라이어 1호를 끌고 노스캐롤라이나 주 키티호크에 있는 모래 언덕으로 올라갔어요.

동생 오빌은 플라이어 1호에 올라 조심스럽게 하늘에 올랐어요. 그러고는 12초 동안 3미터 높이에서 약 36미터를 나는 데 성공했지요.

"야호! 성공이다! 우리가 해냈어!"

플라이어 1호가 땅 위에 무사히 내려앉은 뒤, 윌버와 오빌은 서로를 안고 기쁨을 나누었어요.

라이트 형제는 1904년 가을에는 플라이어 2호를 제작해서 더 높이, 더 멀리 나는 데 성공했어요. 그리고 1905년에 제작한 플라이어 3호로는 38킬로미터를 무려 38분 동안이나 비행하는 데 성공했답니다.

20세기 초, 라이트 형제가 성공시킨 놀라운 발명품인 비행기는 그 후로 진보를 거듭했어요. 결국 인간의 활동 영역은 땅과 바다를 넘어 하늘까지 넓어졌고, 이동 시간 또한 크게 짧아져서 문명이 급속도로 발전했지요.

지구를 살릴 수 있는 새로운 장치
태양 전지

2003년에 화성 탐사에 나선 최첨단 쌍둥이 탐사 로봇, 스피릿과 오퍼튜니티의 에너지원은 태양 빛이었어요. 태양의 빛 에너지를 받아 전기 에너지로 바꾸는 장치 덕분에 화성에서의 임무를 무사히 수행했고, 화성에 대한 수많은 정보를 우리에게 알려 주었지요.

'태양 빛을 받아서 전기 에너지로 쓴다.' 이런 멋진 생각을 처음 한 사람은 누구일까요?

그 주인공은 바로 에드몽 베크렐이란 프랑스의 물리학자예요. 그는 1839

년에 전지로 사용할 전기 분해 장치를 만들었는데, 한쪽 전극에 빛을 비추면 양극 사이에서 높은 전기 에너지가 발생한다는 사실을 알게 되었어요.

그 후 1954년에 미국의 벨 연구소에서 태양 전지를 만들었어요. 상업적으로 처음 쓰이게 된 태양 전지였죠.

태양 전지의 원리는 의외로 간단해요.

뜨거운 여름에 아스팔트 위로 쏟아지는 태양 빛은 아스팔트를 뜨겁게 만들어요. 태양의 빛 에너지가 아스팔트에 흡수되어 열에너지로 바뀐 거지요. 이렇게 발생한 열에너지는 주변 물질이나 공기 중으로 사라져 버려요. 태양의 빛 에너지를 열로 없애 버리지 않고 전기로 바꾸는 장치가 바로 태양 전지예요.

벨 연구소에서 만든 태양 전지는 반도체를 이용해서 빛 에너지를 전기 에너지로 바꾸는데, 초기에 만들어진 태양 전지는 에너지 효율이 매우 낮았어요. 예를 들어 100만큼 빛 에너지를 받으면 약 6정도가 전기 에너지로 전환되었지요. 게다가 값도 무척 비싸서 널리 쓰이진 못했지요.

이제 반도체 기술이 크게 발달하면서 태양 전지의 값도 많이 내렸어요. 또한 환경 문제가 심각해지고 지구 환경을 보호하자는 목소리가 높아지면서 태양 전지에 대한 관심이 매우 높아졌지요.

그동안 우리는 아무 생각 없이 석탄이나 석유 같은 화석 연료를 마구 사용해 왔어요. 그런 탓에 대기 중에 이산화탄소 양이 늘어나 지구는 점점 더워지고 있지요. 게다가 화석 연료는 점점 고갈되고 있어요. 이런 상황에서 태양 에너지는 우리에게 더없이 소중한 에너지원이 되어 주지요.

전염병에 대한 승리
예방 접종

　18세기 무렵만 해도 천연두는 매우 위험한 질병이었어요. 천연두에 걸리면 고열과 두통, 구토에 시달리다 사나흘이 지나면 피부에 붉은 반점이 나타나요. 그러다 붉은 반점은 며칠 안에 고름이 가득한 물집으로 변하지요. 당시에는 천연두에 걸리면 20~40퍼센트가량은 사망했고 살아남는다고 해도 눈이 멀거나 얼굴에 심한 흉터가 남았어요.

　1749년 영국에서 태어난 에드워드 제너는 열세 살이 되던 해에 작은 시골 마을에서 외과 의사의 견습생으로 일하고 있었어요. 어느 날 제너의 귀에 흥미로운 소문이 들렸어요. 우두(소들이 걸리는 전염병으로, 증상이 천연두와 비슷함.)에 걸린 소의 젖을 짠 사람들이 하나같이 천연두에 걸리지 않았다는 거예요.

'이 소문이 사실이라면 사람에게 우두를 접종하면 천연두에 걸리는 걸 막을 수도 있겠구나!'

제너는 이렇게 생각했어요. 하지만 자신의 생각을 직접 실험에 옮긴 것은 꽤 오랜 시간이 지난 후였어요.

1796년 5월 14일, 제너는 우두에 걸린 하녀의 상처에서 고름을 짜내 여덟 살의 건강한 소년의 팔에 접종했어요. 일부러 우두에 걸리게 한 거예요. 며칠 후 소년이 가벼운 증상으로 우두를 앓고 이겨 내자 소년의 팔에 천연두 균을 접종했어요. 며칠 후, 제너는 긴장한 얼굴로 소년을 진찰했지요.

"어떠니? 그동안 몸에 별 다른 이상은 없었니?"

"네, 아무 이상도 없었어요."

제너의 예상대로 소년은 천연두 균에 별 다른 반응을 보이지 않았어요. 이로써 제너는 정상적인 사람을 우두에 걸리게 함으로써 천연두에 걸리는 것을 미리 막을 수 있다는 것을 확실하게 증명해 냈지요. 더불어 이것이 바로 역사상 최초의 '예방 접종'이었어요.

예방 접종이란 전염병을 예방하기 위해서 균을 약하게 하거나, 균을 죽여서 주사를 놓는 것을 말해요. 제너가 우두법을 발견한 이후 예방 접종법은 크게 발달했어요. 루이 파스퇴르나 조너스 소크와 같은 의학자들에 의해서 광견병, 소아마비, 파상풍, 홍역 등의 질병에 대한 예방 접종이 가능해졌고, 몇몇 전염병은 아예 자취를 감추게 되었지요.

수술의 고통으로부터 해방시켜 준
마취제

"호호~ 호호호호~"

1798년의 어느 날이었어요. 험프리 데이비는 웃음이 절로 나는 것을 참을 수가 없었어요.

'신기하네. 이 가스를 효과적으로 사용할 만한 데가 없을까?'

데이비를 기분 좋게 만들어 주고 절로 웃음이 나게 해 준 것은 아산화질소라는 기체였어요. 외과 의사의 조수로 일하던 험프리 데이비가 호기심에 아산화질소를 마셔 보고는 재미난 현상을 발견하게 된 거였죠.

데이비는 그때부터 아산화질소에 대해 본격적으로 연구하기 시작했어요. 그리고 아산화질소를 계속 들이마시면 눈이 빙빙 돌고 머리가 몽롱해지며 의식이 흐려진다는 사실을 알게 되었지요.

"수술을 할 때 환자들에게 써 보자! 환자들이 고통을 못 느낄지도 몰라."

당시만 해도 마취제가 없었기 때문에 환자들은 손과 팔이 묶인 채로 꼼짝없이 무시무시한 수술의 고통을 견뎌 내야만 했지요.

데이비는 실제로 환자에게 가스를 마시게 하고 수술을 받게 했어요. 환자는 고통 없이 수술을 받을 수 있었지요. 아산화질소의 마취 효과가 입증된 거예요.

하지만 문제가 하나 있었어요. 아산화질소는 이를 뽑는 것 같은 짧은 시간이 걸리는 수술에만 쓸 수 있었어요. 마취가 금방 풀렸거든요. 데이비의 발견 이후로 의사들은 본격적으로 마취제를 연구하기 시작했어요.

1842년 미국의 의사 크로포드 롱은 에테르로 환자를 마취하는 데 성공했어요. 그러면서 에테르가 마취제로 널리 쓰이기 시작했지요. 1847년에는 클로로포름이라는 새로운 마취제가 등장했어요. 이 마취제는 영국의 빅토리아 여왕이 일곱 번째 아이를 낳을 때 맞은 것으로 유명해요.

이후 보다 안전하고 효과적인 마취제들이 속속 개발되었어요. 수술의 통증이 두려워 차라리 죽음을 선택하는 환자도 거의 없어졌고, 큰 수술도 전신 마취를 통해 고통 없이 끝낼 수 있게 되었지요. 과거에는 의사가 수술을 할 때, 환자의 고통을 줄이기 위해 수술을 재빠르게 마치는 게 무척 중요했어요. 하지만 마취 기술이 발달하자 좀 더 정교한 수술이 가능해졌고, 그 결과 의학이 눈부시게 발전했지요.

생명 연장의 꿈
인공 심장

    폴 윈첼은 만화 영화 〈개구쟁이 스머프〉에서 가가멜과 〈곰돌이 푸〉에서 호랑이 티거의 목소리를 연기한 미국의 유명한 성우예요. 그는 직업이 하나 더 있었는데, 생뚱맞게도 발명가였지요.

    어느 날, 윈첼은 파티에 참석했다가 유명한 의사 헨리 하임리히를 만나게 되었어요.

    "하임리히 씨, 이렇게 만나 뵐 수 있어서 영광입니다."

    "저야말로 영광이죠."

두 사람은 친분을 갖게 되었어요. 그 인연으로 얼마 후, 윈첼은 하임리히가 수술하는 광경을 직접 볼 수 있었지요. 그 수술은 심장을 절개하는 수술이었는데, 유심히 지켜보던 윈첼의 머릿속에 아이디어가 번쩍 떠올랐어요.

'심장 수술을 하는 동안 혈액을 계속해서 펌프질해 줄 수 있는 기구를 개발하면 어떨까?'

그때부터 윈첼은 하임리히의 도움을 받아 인공 심장을 개발하기 시작했어요. 그리고 1956년, 마침내 인공 심장 발명에 성공했고, 그로부터 7년 뒤에 특허를 취득했지요. 하지만 윈첼이 발명한 인공 심장은 실제 환자에게 사용하기에는 많이 부족했어요.

윈첼은 특허권을 유타 대학에 기증했어요. 인공 심장이 더욱더 발전하기를 바랐기 때문이지요. 뒤이어 유타 대학의 외과 교수 로버트 자빅과 연구팀은 실제 사용이 가능한 인공 심장을 개발하는 데 박차를 가했어요. 1982년, 자빅 연구팀은 마침내 '자빅-7'이라는 인공 심장을 개발했어요. 자빅-7은 말기 심장병 환자에게 이식되었고, 112일 동안 생명을 연장할 수 있었지요.

자빅-7 이후로 최첨단 소재와 기능을 갖춘 인공 심장들이 꾸준히 개발되었어요. 하지만 이식 후 시간이 흐르면서 부품이 마모되고 큰 소음을 내는 등 결점이 많기 때문에 대부분의 인공 심장은 진짜 심장을 이식 받기 전, 임시로만 사용되고 있어요. 진짜 심장과 똑같은 기능을 하는 완벽한 인공 심장은 아직 개발되지 못했지요.

지금도 인공 심장 연구는 세계 곳곳에서 진행되고 있어요. 가까운 미래 진짜 심장을 대체할 수 있는 인공 심장이 발명된다면 전 세계 수천만 명의 목숨을 살릴 수 있을 거예요.

몸속의 상태를 보여 주는
내시경

1950년 미국의 한 내과 병원, 바실 허쇼위츠는 그 병원의 의사였어요.

"자, 지금부터 이 관을 입 안으로 넣겠습니다. 그래야 위가 어떤 상태인지 알 수 있답니다."

허쇼위츠는 환자의 입 안으로 기다란 금속관을 밀어 넣으려 했어요.

"으아아악! 사람 살려!"

겁에 질린 환자는 허쇼위츠를 밀쳐 내고는 병원 밖으로 도망쳐 버렸어요.

허쇼위츠가 환자의 위를 보기 위해 썼던 도구는 1868년 아돌프 쿠스마울이라는 독일의 의사가 발명한 것으로, 긴 금속관에 거울을 달아 빛을 반사시켜 위의 상태를 살피는 내시경이었지요. 하지만 환자들이 고통스러워해서 오랫동안 사람들에게 쓰이지 않았어요.

"관을 가늘게 하고 구부러지게 할 수는 없을까?"

허쇼위츠는 내시경을 좀 더 개선시켜 보고 싶었어요. 그래서 병원 문을 닫고 내시경 발명에 힘을 쏟았지요. 하지만 7년이라는 긴 시간이 흐를 때까지 별 수확이 없었어요.

"이렇게 내 연구는 끝이 나는 걸까……."

허쇼위츠는 괴로운 마음에 머리를 감싸 쥐었어요. 그의 손안에 머리카락들이 엉켜들었지요. 그는 무심코 머리카락을 몇 가닥을 잡아서 당겨 보았어요.

'응? 안 끊어지네?'

순간, 허쇼위츠의 머릿속에 좋은 생각이 떠올랐어요.

"그래! 화상을 전할 수 있는 광섬유(빛을 이용하여 정보를 전달할 때 쓰는 유리 섬유)를 사용하는 거야. 가느다란 광섬유 수만 개를 한데 묶는다면 잘 구부러지면서도 튼튼하겠지!"

1958년, 허쇼위츠는 광섬유를 십만 개를 묶고 그 끝에 작은 카메라를 달아서 내시경을 발명해 냈어요.

수술을 하지 않고도 몸속을 들여다볼 수 있는 내시경은 이렇게 탄생했어요. 내시경 덕분에 의사들은 훨씬 더 정확하게 환자를 진찰하고, 병을 조기에 치료할 수 있게 되었지요. 내시경은 꾸준히 발전해서 지금은 내시경을 이용해 간단한 수술을 하기도 한답니다.

통신 수단의 혁명
휴대 전화

"조엘! 나 마틴이야! 지금 내가 휴대 전화로 걸고 있는 거네. 정말이야."

1973년 4월 3일, 모토로라의 엔지니어 마틴 쿠퍼가 뉴욕의 벨 연구소 소장인 조엘 엥겔에게 전화를 걸어 이렇게 말했어요.

1928년 미국에서 태어난 쿠퍼는 1960년대에 한 이동 통신사에서 개발한 카폰(자동차 전화)을 보고 신선한 충격을 받았어요.

'카폰이 가능하다면 개인 번호가 있는 휴대 전화도 만들 수 있지 않을까?'

이런 생각을 한 것은 쿠퍼만이 아니었어요. 휴대 전화 개발을 놓고 모토로라와 벨 연구소는 서로 치열하게 경쟁을 벌였어요.

1973년에 모토로라가 휴대 전화 '다이나택' 개발에 성공했어요. 그런데 다이나택은 산업 현장에만 쓰였고 일반 고객들을 위한 상품으로 개발되기까지는 10년이 넘는 시간이 걸렸어요. 1984년에 드디어 시장에 '다이나택800X'가 나왔어요. 일반 고객들을 겨냥한 휴대 전화였지요.

다이나택800X는 무게가 무려 1킬로그램이나 나갔어요. 열 시간을 충전해야 했지만 배터리 지속 시간은 겨우 35분밖에 되지 않았지요. 값도 무척 비싸 우리나라 돈으로 약 449만 원이었다고 해요. 사람들은 이 거대한 전화기가 벽돌을 닮았다고 해서 '벽돌 폰'이라는 별명을 붙여 주었어요. 실제로 쿠퍼조차도 휴대 전화가 너무 무거워서 20분 이상 들고 통화를 하는 건 불가능하다고 말할 정도였으니까요.

1980년대에는 통신망이 제대로 만들어지지 않았고 가격도 비싸서 길에서 휴대 전화를 사용하는 사람은 아주 드물었어요. 그러다 1990년대에 들어서면서 아날로그망이 디지털망으로 바뀌었고 마침내 휴대 전화가 널리 보급되었답니다.

휴대 전화의 등장은 인류 통신사에 큰 변화를 가져다 주었어요. 연락을 받기 위해 어딘가에 매여 있어야 하는 불편함에서 사람들을 해방시켜 주었지요.

최근에는 스마트폰이 발명되면서 휴대 전화는 이제 통신 수단을 넘어서게 되었어요. 화상 통화는 물론 음악을 듣고 사진도 찍을 수 있어요. 또한 인터넷에 접속해 기사나 동영상을 보거나 길을 찾기도 하지요.

인류의 삶을 바꾼 위대한 기계
컴퓨터

컴퓨터의 처음 모습은 계산기에 가까웠어요.

1790년부터 미국에서는 10년마다 총국민의 수가 얼마나 되는지 인구 조사를 했는데, 1880년 조사에서는 그 수를 집계하는 데만 7년이 걸렸지요. 사람들은 앞으로 인구가 더 늘어나게 되면 조사 결과가 나오기까지 10년이 넘게 걸릴 거라고 예상했어요. 하지만 1890년에 시작한 조사에서는 단 2년 6개월 만에 전체 인구 조사를 마칠 수 있었어요. 바로 허먼 홀러리스라는 사람이 만든 천공 계산기 덕분이었지요.

이 천공 계산기는 천공 카드(일정한 패턴의 구멍을 뚫어 데이터를 기록하는 종이 카드)라는 것을 이용해 디지털 데이터(0과 1)를 기록할 수 있었어요. 이러한 점이 0과 1로 자료를 구분하는 현대식 컴퓨터의 원리와 비슷하지요.

1939년에는 최초의 전자식 컴퓨터가 발명되었어요. 미국 아이오와 주립 대학의 존 아타나소프와 클리포드 베리가 '아타나소프 베리 컴퓨터'를 만들었지요. 이 컴퓨터는 기계적인 장치 없이 전자식으로만 연산을 했어요. 하지만 실용성은 거의 없었지요.

1946년에는 미국 펜실베이니아 대학의 존 에커트와 존 모클리가 당시 최고의 성능을 자랑하던 컴퓨터인 '에니악'을 세상에 내놓았어요.

에니악은 초당 5,000번 이상의 계산을 하는 등 기존의 컴퓨터보다 1,000배 이상의 높은 성능을 발휘했지요. 하지만 무게가 40톤에 이르렀고 고장도 매우 잦았으며 전력 소모도 매우 컸어요.

이후 기능이 크게 향상된 컴퓨터들이 등장했지만 너무 비싼 데다가 덩치도 커서 정부 기관이나 기업에서만 쓰였어요. 그러다 1977년, 미국의 애플사에서 '애플Ⅱ'라는 소형 컴퓨터를 출시하면서 컴퓨터가 일반 사람들에게 널리 쓰이기 시작했어요. 애플Ⅱ는 크기가 작고 사용법도 간편했으며, 가격도 저렴한 편이었지요.

컴퓨터는 놀라운 발전을 거듭했어요. 좀 더 빠르게, 좀 더 작게, 좀 더 쓰기 편리하게, 좀 더 다양한 기능을 보유한 컴퓨터들이 속속 등장했지요.

세상을 빠르고 편리하게 변화시킨 컴퓨터는 이제 우리의 삶과 떼려야 뗄 수 없는 매우 밀접한 관계가 되었어요. 만약 단 하루라도 컴퓨터가 사라진다면 도시 대부분의 기능이 중단되고 혼란에 빠지게 될 거예요.

전 세계를 하나로 연결하는
인터넷

1960년대에 미국과 소련 두 나라가 냉전 상태에 놓여 있을 때, 미국 국방부의 주도하에서 인터넷이 고안되었어요.

"혹시라도 소련이 공격을 해서 어느 한곳의 컴퓨터가 파괴된다면 무척 곤란해질 것입니다. 컴퓨터 안의 정보를 보호할 수 있는 대책이 시급합니다."

"주요 지역의 컴퓨터들을 하나로 연결해서 정보를 공유하고 보호하면 어떨까요?"

이렇게 해서 1969년 인터넷 네트워크, '아르파넷'이 만들어졌어요. 이것이 바로 인터넷의 처음 모습이지요.

인터넷은 멀리 떨어져 있는 수많은 컴퓨터들이 서로 정보를 교환할 수 있도록 연결해 놓은 거대한 통신망이에요.

우리가 일반적으로 알고 있는 월드 와이드 웹(World Wide Web, www) 시스템은 1989년에 영국의 팀 버너스리에 의해 개발되었어요. 버너스리는 '연구원들이 서로의 정보를 공유할 수 있는 최첨단 도서관'이라는 개념으로 월드 와이드 웹을 만들었다고 해요.

월드 와이드 웹의 개발로 1990년대에 이르러 본격적인 인터넷 세상이 열리기 시작했어요. 인터넷을 통해 문서 자료는 물론 사진, 음악, 동영상 등의 멀티미디어 자료를 책상 앞에 앉아 자유롭게 찾아볼 수 있게 된 거예요. 뿐만 아니라 인터넷을 통해 쇼핑이나 은행 업무도 할 수 있게 되었지요. 인터넷은 시간과 공간의 제약이 없기 때문에 무척 편리해요.

또 전자 메일을 통하면 지구 반대편에 있는 사람과 실시간으로 메시지와 파일을 주고받을 수 있어요. 서로 얼굴을 보며 이야기를 나눌 수도 있고, 다수의 사람들과 게임을 즐길 수도 있답니다.

인터넷은 전 세계를 하나로 연결해 주는 정보의 바다예요. 지구 반대편에서 일어난 소식도 인터넷 덕분에 빠르게 알 수 있지요.

현재 전 세계적으로 20억 명 이상이 인터넷을 이용하고 있어요. 개인용 컴퓨터 외에도 휴대 전화, 텔레비전 등 다양한 기기들이 인터넷 접속 기능을 갖추고 있지요.

아프리카 사람들의 생명을 지키는
라이프 스트로

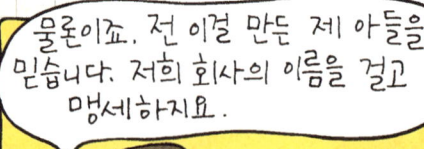

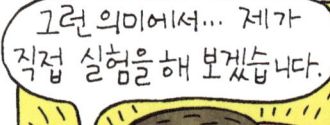

덴마크에서 태어난 미켈 베스터가드 프란센은 어렸을 때부터 아프리카를 동경했어요. 사회 보장 제도가 잘 갖춰져 있는 덴마크는 왠지 지루하게 느껴졌지요. 미켈은 고등학교를 졸업하자마자 아프리카행 비행기에 몸을 실었어요.

아프리카의 현실은 미켈의 예상대로 참담했어요. 전쟁과 기근, 각종 질병에 시달리며 죽어 가는 아이들이 수없이 넘쳐났지요.

"아프리카 사람들을 도와주고 싶어! 그 사람들을 도와줄 수 있는 물건을 만드는 사업을 하면 어떨까?"

아프리카 여행은 그에게 큰 결심을 가져다주었어요. 시간이 흘러 아버지가 경영하던 회사를 물려받은 미켈은 원래 섬유 회사였던 베스터가드 프란센 그룹을 긴급 구호 장비를 만드는 회사로 전환시켰어요.

그 후 미켈의 회사는 살충제를 첨가한 비닐 시트와 방충망을 개발했어요. 말라리아모기를 피하게 하기 위해서였지요. 이 두 제품 덕분에 아프리카 어린이들의 생존율이 20~30퍼센트나 높아졌어요.

그다음, 미켈이 관심을 가진 것은 '물'이었어요.

"매년 수백만 명의 사람들이 오염된 물을 마셔서 목숨을 잃고 있어. 이 사람들을 위해 정수 기능이 있는 빨대를 개발하면 어떨까? 즉, 휴대용 정수기를 만드는 거야!"

1998년, 연구를 거듭한 끝에 '라이프 스트로'가 발명되었어요. 길이 25센티미터, 지름 5센티미터의 통 안에 3중 필터가 들어 있어 세균과 바이러스를 99.9퍼센트나 제거해 주었지요. 아무리 오염된 물이라도 라이프 스트로를 통과하면 깨끗한 물이 되어 나왔어요.

완성품이 발표되자, 미켈의 아버지 토벤은 덴마크의 한 텔레비전 프로그램에 출연하여 라이프 스트로로 변기의 물을 직접 마시는 시범을 보여 주었답니다.

전 세계의 인구 가운데 11억 명 이상이 아직 안전한 식수를 제공받지 못하고 있어요. 그래서 오염된 물을 마실 수밖에 없지요. 이 물속에는 각종 미생물과 기생충, 박테리아 등이 살고 있는데, 이 때문에 매년 500만 명 이상의 사람들이 물 관련 질병으로 목숨을 잃고 있어요. 라이프 스트로는 그들의 목숨을 지킬 수 있는 위대한 발명품이에요.

2장
생활을 편리하게 해 준 발명품들

압력솥
칫솔
보온병
면도기
콘택트렌즈
선글라스

지퍼
일회용 반창고
공기 타이어
엘리베이터
냉장고
선풍기

세탁기
진공청소기
리모컨
자동판매기
폴라로이드 카메라
신호등

안전벨트
에스컬레이터
신용 카드
현금 인출기
바코드
포스트잇

점자

음식을 더 빠르고 맛있게 조리하는
압력솥

　프랑스의 과학자이자 발명가인 드니 파팽은 요리하는 것을 무척 즐겼어요. 어느 날, 파팽은 요리를 하다가 솥 뚜껑에 커다란 돌을 올려놓으면 음식이 더 빨리 조리된다는 사실을 우연히 알게 되었어요. 게다가 고기 맛도 훨씬 부드럽고 맛있었지요.

　'돌 때문에 음식이 더 빨리 익은 걸까?'

　파팽은 요리 실험을 하기 시작했어요. 솥 위에 무거운 돌들을 잔뜩 올려놓고 음식이 얼마나 빨리, 맛있게 조리되는지 살펴보았지요.

"내 생각이 맞았어. 솥 안의 수증기가 빠져나가지 못하면 솥 안의 압력이 높아지고, 그 영향으로 음식이 더 빨리 익는 거야!"

얼마 후 파팽은 뚜껑이 꽉 닫혀 있어 수증기가 빠져나가는 것을 막는 증기 찜통을 발명했어요. 1679년 영국 런던에서 열린 왕립학회에서 자신이 만든 증기 찜통을 이용해 요리 시연을 펼쳤지요.

"자, 제가 만든 놀라운 발명품으로 여러분에게 최고의 요리를 선보이겠습니다. 기대하세요!"

하지만 사람들을 깜짝 놀라게 만든 건 파팽의 요리가 아니라 요란한 소리를 내며 폭발한 증기 찜통이었어요. 파팽의 증기 찜통이 높은 압력을 이기지 못하고 그만 폭발해 버린 거예요. 그 후 파팽은 폭발하지 않는 증기 찜통을 만들기 위해 연구를 계속했어요. 약 3년 후, 찜통 안의 압력이 심하게 높아지면 솥 안의 수증기를 자동으로 내보내는 안전 밸브가 달린 증기 찜통을 발명해 냈지요.

파팽은 1682년 왕립학회에서 다시 한 번 요리 시연회를 열었어요. 파팽이 새 증기 찜통으로 요리한 고기를 맛본 사람들은 최고의 요리라며 극찬을 아끼지 않았지요.

파팽이 이때 만든 증기 찜통은 우리가 현재 사용하고 있는 압력솥과 원리가 같아요. 따라서 파팽이 만든 증기 찜통은 압력솥의 조상이라고 할 수 있지요.

압력솥은 일반 솥보다 훨씬 더 높은 압력을 이용해 빠른 속도로 음식을 조리해요. 그러면 요리는 부드러우면서도 영양소와 향이 비교적 잘 유지되지요. 또 연료의 사용량도 줄일 수 있기 때문에 경제적이랍니다.

치아의 건강을 지켜 주는
칫솔

우리가 현재 사용하는 칫솔은 15세기 중국에서 유래되었다고 해요. 당시 중국 사람들은 동물의 뼈에 멧돼지 털을 심어 만든 도구로 이를 닦았지요. 이 도구는 중국 상인들에 의해 유럽으로 전해졌고 유럽에서도 꽤 높은 인기를 끌었어요.

칫솔이 상품이 되어서 본격적으로 사람들에게 팔리기 시작한 것은 18세기 무렵의 일이에요.

영국의 윌리엄 애디스라는 사람은 폭동을 일으킨 죄로 교도소에 갇혔어요. 그는 매일 아침 천으로 이를 문질러 닦았지요.

'이와 이 사이를 좀 더 깨끗하게 닦고 싶어. 무슨 좋은 방법이 없을까?'

그러던 어느 날, 식판 위에 남은 소뼈를 보다가 문득 좋은 아이디어가 떠올랐어요. 애디스는 즉시 교도소에 있는 빗자루를 가져다가 털을 뽑아서 소뼈에 구멍을 낸 뒤 하나하나 심기 시작했지요. 마침내 이 닦는 도구가 완성되었어요.

"좋아! 이걸 쓰니 이 사이가 깨끗이 닦이는군. 게다가 훨씬 개운해!"

얼마 후 감옥에서 풀려난 애디스는 멧돼지 털을 심은 칫솔을 만들어서 팔기 시작했어요.

"호오, 이걸로 이를 닦으면 정말 깨끗하게 닦을 수 있소?"

"그럼요, 손님. 이와 이 사이에 낀 음식물도 말끔하게 없앨 수 있지요."

애디스가 발명한 칫솔은 사람들에게 좋은 반응을 얻었어요. 하지만 동물의 털을 이용한 칫솔은 값이 비쌌지요. 그래서 가난한 집에서는 칫솔 하나로 여러 사람이 이를 닦았다고 해요.

이렇게 20세기 초까지 사람들은 동물 털로 만든 칫솔을 사용했어요. 그러다 1938년, 듀폰이라는 회사에서 나일론 소재의 칫솔모를 심은 칫솔을 개발했어요. 이 칫솔은 값이 매우 싸서 날개 돋친 듯 팔려 나갔답니다.

칫솔은 우리의 치아 건강을 지켜 주는 중요한 발명품이에요.

만약 칫솔이 발명되지 않았다면 어떻게 되었을까요? 많은 사람들이 충치 때문에 고생할 것이고, 젊은 나이에도 이가 성하지 못해 음식을 제대로 먹지 못하는 사람들이 많았을 거예요. 식생활이 건강하지 못하면 우리 몸도 건강할 수 없지요.

음료의 온도를 일정하게 유지시켜 주는
보온병

보온병을 처음 발명한 사람은 스코틀랜드의 과학자 제임스 듀어예요. 1874년, 듀어는 산소나 수소 등의 기체를 액체로 만들고 보존하는 방법을 연구했어요.

'액체 상태로 보관하려면 액체를 담은 용기의 온도가 낮은 상태로 유지되어야 하는데……'

듀어는 이런저런 연구 끝에 1892년, 진공 플라스크(목이 길고 몸이 둥근 실험용 유리병)를 발명했어요. 듀어의 진공 플라스크는 하나의 플라스크 안에 또 다른 플라스크를 넣어서 만든 것이에요. 두 플라스크 사이의 공기를 모두 제거해 진공 상태로 만들어 놓으니 단열 효과(열을 차단하는 효과)가 아주 뛰어났지요. 듀어는 이 진공 플라스크를 '듀어병'이라고 이름 붙였어요.

듀어병은 실험실에서 인기가 많았어요. 듀어는 유리 직공인 라인홀트 부르거를 고용해서 듀어병을 보다 많이 생산하게 했어요.

그런데 부르거는 듀어병을 보자 남몰래 눈을 번뜩였지요.

"오! 제법 쓸모가 많겠는걸!"

부르거는 듀어병을 집으로 가져가서 사용해 보았어요. 뜨거운 스프를 담아 놓으면 스프가 오랫동안 따뜻함을 유지했어요. 반대로 차가운 음료수를 담아 놓아도 그 시원함이 오랫동안 계속되었지요.

"좋아! 이걸 가정용으로 만들어서 파는 거야!"

독일 출신이었던 부르거는 독일로 넘어가서 특허를 취득하고 서모스 유한 회사를 세웠어요. 그리고 1904년 처음으로 서모스 보온병을 만들어서 팔기 시작했지요. 부르거의 예상대로 보온병은 큰 인기를 끌며 많은 사람들에게 팔려 나갔어요.

보온병은 처음 액체를 담았을 때의 온도를 오랫동안 유지해, 언제든 따뜻한, 혹은 시원한 음료를 맛볼 수 있게 해 줘요. 보온병은 이중 병으로 되어 있는데 병과 병 사이의 공간은 진공 상태이기 때문에 공기를 통해 열이 이동하는 것을 막아요. 또 안쪽 벽은 도금 처리가 되어 있어 복사(물체로부터 열이 방출되는 현상)에 의해 열이 빠져나가는 것을 막지요. 이중 구조로 되어 있는 뚜껑 또한 열이 빠져나가는 것을 막아 주어요.

이발소에서 아이디어를 얻어 탄생한
면도기

이른 아침, 킹 질레트는 면도를 하다가 면도칼에 얼굴을 베이고 말았어요.

"어휴! 얼굴을 베지 않는 면도기가 있으면 좋을 텐데……."

질레트는 아침마다 면도를 하며 이런 생각을 했어요.

당시 질레트는 뉴욕에서 병뚜껑을 만드는 회사에 다니고 있었어요. 회사의 사장은 어느 날 질레트에게 이런 말을 했어요.

"요즘은 일회용품이 인기가 좋지. 일회용품은 한 번 쓰고 버리기 때문에 돈벌이로도 최고라네."

그날 이후로 질레트의 머릿속은 일회용 면도기에 대한 생각으로 가득 찼어요.

당시에 주로 사용되었던 면도기는 과일 깎는 칼처럼 생겼는데, 이른 아침 바쁘게 면도를 해야 했던 남자들에게 가끔 무기로 돌변했어요. 또 날이 무뎌지면 날을 갈아야 했기 때문에 여간 귀찮은 일이 아니었지요.

질레트는 면도기 틀은 그대로 두고 칼만 바꿔 쓸 수 있는 일회용 면도기를 개발하기로 마음먹었어요. 거기다 얼굴이 베이지 않도록 안전하기까지 하다면 더욱 좋을 것 같았지요. 하지만 그런 면도기를 만드는 일은 쉽지 않았어요.

그러던 어느 날, 이발소에서 머리를 자르던 질레트의 눈에 이발사의 손놀림이 들어왔어요. 이발사는 머리카락을 빗에 대고 머리를 자르고 있었지요. 그렇게 하니까 머리카락이 고르게 잘렸고 다칠 위험도 없어 보였어요.

'바로 이거야! 면도기에 빗 같은 장치를 달아서 칼날에 털만 닿도록 하는 거지.'

질레트는 윌리엄 니커슨이라는 발명가와 함께 5년 동안이나 일회용 안전 면도기를 개발하는 데 온 힘을 쏟았어요.

1901년, 드디어 두 사람이 만든 면도기가 세상에 나왔어요. 낯설게 생긴 면도기의 등장에 사람들의 반응은 냉담했지만 시간이 흐르면서 점차 입소문을 탔지요. 질레트의 면도기는 제1차 세계 대전 당시 군인들에게 지급되면서 널리 쓰이게 되었고, 이후 전 세계적으로 날개 돋친 듯 팔려 나갔답니다.

1928년에는 전기면도기가 세상에 나왔어요. 전기면도기는 칼날을 회전시켜 털을 깎는데, 피부를 칼날에서 보호하는 형식은 질레트의 일회용 면도기와 원리가 같답니다.

눈에 직접 붙이는 편리한 렌즈
콘택트렌즈

"어제 말을 타다가 안경을 또 떨어뜨려 버렸어."

"저런! 하긴 코에 얹어 놓으니 여간 불편한 게 아니야."

안경이 지금과 비슷한 형태로 자리 잡는 데는 오랜 시간이 걸렸어요. 옛날 사람들이 쓰던 안경은 렌즈 두 개를 철사로 연결해서 코에 걸쳐 놓는 구조였어요. 귀에 거는 안경다리도 없었지요. 그러다 보니 가만히 앉아서 책이나 신문을 보거나 손으로 무언가를 만들 때는 괜찮았지만, 운동을 하거나 심하게 움직일 때는 떨어져서 곧잘 깨지곤 했어요.

1887년, 독일의 의사 아돌프 픽이 처음으로 콘택트렌즈를 발명했어요. 픽은 유리를 사람의 눈에 넣을 수 있을 만큼 얇게 연마해서 렌즈를 만들었지요. 하지만 아무리 얇다고 해도 유리 조각을 눈에 넣고 다니는 것은 보통 힘든 일이 아니었어요. 눈의 통증이 엄청났고 각막이 붓는 부작용까지 일어나 오래 낄 수 없었지요.

다음 해, 아우구스트 뮐러라는 독일인이 새로운 콘택트렌즈를 만들었어요. 뮐러의 렌즈는 좀 더 가벼운 유리를 사용해서 각막의 곡선에 맞게 만들어졌는데, 이 역시 불편하기는 마찬가지였어요. 렌즈를 눈에 넣기에 앞서 눈에 진통제를 넣어야 했을 정도로 아팠고 눈이 크게 다칠 위험도 있었지요.

1936년에는 미국의 검안사였던 윌리엄 페인블룸이 만든 유리가 아닌 플라스틱 콘택트렌즈가 처음 등장했어요.

그렇다면 눈에 착 달라붙는 소프트렌즈는 언제 발명되었을까요? 미국 캘리포니아에서 안경점을 하던 케빈 투오히가 1948년에 발명했어요. 부드러운 재질로 만들어졌기 때문에 비교적 착용감이 편했지요.

콘택트렌즈는 안경 대신 시력을 교정하기 위해 쓰는 렌즈예요. 근시, 난시, 원시 등 굴절 이상으로 시력이 나쁜 사람이 주로 사용하지요. 안경처럼 거추장스럽지 않아 무척 편리하지만 세균 감염과 눈이 건조해질 위험이 있어 관리에 신경을 써야 하는 단점이 있어요.

요즘에는 미용을 위한 렌즈와 한 번 쓰고 버리는 일회용 콘택트렌즈도 널리 쓰인답니다.

눈부신 태양을 피하는 방법
선글라스

　선글라스, 그러니까 색안경에 대한 기록은 14세기 중국으로 거슬러 올라가요. 당시 중국에서는 재판관이 검은색 안경을 썼는데, 재판 도중 재판관의 반응을 숨기기 위함이었지요. 이후 15세기에서 18세기경 유럽 사람들은 렌즈를 그을려서 검게 만들어 썼다고 전해져요. 그렇게 하면 시력이 좋아진다는 잘못된 믿음을 갖고 있었기 때문이래요.

　현대식 선글라스의 발명은 1932년으로 거슬러 올라가요. 훗날 폴라로이드 카메라를 발명한 것으로 유명한 미국의 에드윈 랜드 박사와 하버드 대학의 물리학 교수였던 조지 휠라이트가 힘을 합해 편광 선글라스(반사광을 차단해 주는 선글라스)를 만들어 냈지요.

선글라스가 대량 생산되기 시작한 것은 바슈롬사가 조종사용 선글라스를 개발하면서부터예요.

1930년대 말, 미국 육군의 항공단 중위였던 존 맥클레디는 하늘을 날 때마다 무척 괴로워했어요.

"앗, 눈부셔! 눈을 감을 수도 없는데, 도저히 못 참겠군."

비행기를 타고 태양을 마주할 때마다 눈부심이 무척 심했던 거예요. 어찌나 눈이 심하게 부셨는지 두통과 구토증까지 생겼지요. 결국 맥클레디는 자신의 고통을 바슈롬사의 연구원들에게 털어 놓았어요. 또 이 고통은 자기 한 사람뿐만 아니라 비행기 조종사들 모두의 문제라고 설명했지요.

바슈롬사의 연구원들은 햇빛 차단 방법을 연구한 끝에 초록색을 입힌 렌즈가 눈부심을 줄여 준다는 사실을 알게 되었지요.

1936년 바슈롬사는 조종사용 선글라스인 '레이벤 녹색 렌즈'를 내놓았어요. 이 선글라스는 눈부심을 줄여 주는 것은 물론 자외선과 적외선으로부터 눈을 보호해 주는 기능도 있었지요.

이렇게 조종사들을 위해서 발명된 선글라스는 시간이 흐르면서 일반 사람들에게도 큰 인기를 끌게 되었어요. 렌즈 색깔도 점차 다양해졌고 형태도 다양해졌답니다.

강렬한 햇빛과 자외선으로부터 눈을 보호해 주는 선글라스는 뜨거운 여름의 휴가지에서나 운전할 때 등 폭넓은 용도로 사용되고 있어요. 원래는 눈을 보호하는 역할이 컸지만 요즘에는 패션 소품 중 하나로 사랑받고 있지요.

신발 끈 매기 귀찮아 만들게 된
지퍼

"어휴, 바빠 죽겠는데 신발 끈은 왜 이렇게 긴 거야?"

현관 앞에 앉은 휘트콤 저드슨은 신발 끈을 매며 투덜거렸어요. 그는 목이 긴 신발을 자주 신고 다녔는데, 촘촘하게 나 있는 신발 구멍에 일일이 신발 끈을 끼우고 단단히 묶으려니 꽤 많은 시간이 걸렸지요.

마침내 신발을 다 신은 저드슨은 서둘러 회사로 향했지만 결국 지각하고 말았어요.

"오늘도 지각인가? 이렇게 매일 지각할 거면 차라리 회사를 그만 둬!"

그날 일을 마치고 집으로 돌아온 저드슨은 신발을 물끄러미 쳐다보았어요. 왠지 신발이 얄밉게 느껴졌어요.

"귀찮고 너저분한 신발 끈 따위! 내가 없애 버리고 말겠어!"

급기야 저드슨은 다니던 회사를 그만두고 신발 끈을 대신할 만한 새로운 발명품을 만드는 데 몰두하기 시작했어요. 그로부터 3년 뒤인 1893년, 그의 노력은 마침내 결실을 맺었어요.

"야호! 성공이야! 신발 끈을 매는 것보다 훨씬 간편하고 시간도 절약돼."

저드슨의 발명품은 바로 '지퍼'였지요. 그런데 저드슨이 만든 지퍼는 지금의 지퍼와 모습이 많이 달랐어요. 하지만 원리는 거의 비슷했지요. 갈고리와 구멍으로 이루어진 장치는 손잡이를 위아래로 움직일 때마다 자동으로 채워지고 풀렸어요. 저드슨은 이 발명품으로 특허를 받았고, 곧 세상에 내놓았어요. 하지만 사람들의 반응은 냉담했어요. 저드슨의 지퍼는 모습도 투박했거니와 금방 풀렸기 때문에 실용성이 떨어졌던 거예요.

훗날 지퍼는 여러 사람들에 의해 문제점이 개선되면서 널리 쓰이기 시작했어요. 간단해 보이지만 저드슨의 아이디어에서 완전한 상품으로 자리 잡기까지 80년이라는 긴 시간이 걸렸지요.

인류의 100대 발명품 중 하나로 꼽히는 지퍼는 옷과 가방, 신발 등 다양한 물건에 쓰이고 있어요. 너무 흔하게 쓰이기 때문에 지퍼 없는 생활은 상상하기 힘들지요. 불편함을 참아 넘기지 않고 편리함으로 바꾸어 보려던 저드슨의 열정과 이를 보완하고 발전시킨 여러 사람들의 노력이 빛을 발한 것이랍니다.

사랑하는 아내를 위해 만든
일회용 반창고

1900년대 초의 일이에요. 미국 뉴저지 주에 사는 얼 딕슨에게는 한 가지 고민이 있었어요. 사랑하는 아내 조세핀이 서투른 요리 솜씨 탓에 주방에만 들어가면 손을 다쳤거든요.

"아얏!"

그 날도 저녁 식사를 준비하던 아내가 손가락을 다치고 말았어요. 딕슨은 약상자를 들고 얼른 아내에게 뛰어가 아내의 다친 손가락에 거즈를 대고 반창고를 둘러 능숙하게 응급 처치를 해 주었어요.

"여보, 조심 좀 해요. 도무지 다치지 않는 날이 없군."

"고마워요. 당신이 없을 때 이렇게 다치면 안 되는데 큰일이에요."

딕슨은 아내가 혼자 있을 때 손을 다치면 어떻게 하나 걱정이 되었어요. 그래서 아내를 위해 혼자서도 간편하게 붙일 수 있는 반창고를 만들기 시작했어요.

우선 균일한 길이로 자른 반창고의 끈끈한 면 중앙에 적당한 크기로 자른 거즈를 붙여 놓았어요. 이렇게 만들어 놓으면 아내가 아무 때나 쉽게 붙일 수 있을 것 같았지요. 그런데 문제가 한 가지 있었어요.

"이렇게 공기 중에 반창고를 펼쳐 놓으면 반창고의 끈끈한 성질이 없어질 텐데……."

반창고의 끈끈한 면을 유지시켜 줄 무언가가 필요하다는 걸 깨달은 딕슨은 여러 번의 실험 끝에 방법을 찾아냈어요. 표면이 매끈하면서도 뻣뻣한 천을 끈끈한 면에 붙여 놓는 것이었지요. 물론 이 천은 잘 떼어져야 했어요.

"됐다! 성공이야!"

마침 딕슨은 외과 치료용 반창고를 제작하는 존슨 앤 존슨이라는 회사에 다니고 있었어요. 회사의 경영진들은 딕슨의 발명품을 보고 승산이 있다고 판단했고 바로 신제품으로 개발해 판매하기 시작했지요. 그리고 얼마 지나지 않아 딕슨이 발명한 일회용 반창고는 선풍적인 인기를 끌기 시작했답니다.

가벼운 상처를 입게 되면 대부분의 사람들은 일회용 반창고를 가장 먼저 찾아요. 일회용 반창고를 붙이면 상처에 물이 닿는 것도 피할 수 있고 세균 감염도 예방되지요. 또 가정에서 손쉽게 사용할 수 있기 때문에 어느 가정에서나 흔히 구비해 놓고 있어요.

바퀴의 대변신
공기 타이어

"아빠! 엉덩이가 아파서 더 이상 자전거를 못 타겠어요."

존 던롭의 아들이 자전거를 끌고 오며 울상이 되어 말했어요. 던롭의 집 주변 시골길은 자갈이 많은 울퉁불퉁한 길이었는데, 당시 자전거에는 딱딱한 고무바퀴가 달려 있었지요.

'흠! 바퀴가 문제군. 아무리 고무바퀴라도 이렇게 딱딱하니까 충격이 그대로 전해지는 거야.'

던롭은 바퀴가 구를 때 생기는 충격을 줄일 수 있다면 훨씬 편안하게 자전거를 탈 수 있을 거라고 생각했어요. 그런 던롭에게 좋은 아이디어가 떠올랐지요.

"그래! 고무 타이어에 공기를 채워 넣는 거야!"

던롭의 생각은 적중했어요. 고무 타이어에 공기를 채워 넣자 공기의 탄성 때문에 몸으로 전해지는 충격이 훨씬 덜했어요.

1887년, 새로운 타이어를 개발해 낸 던롭은 즉시 특허 신청을 했고, 특허청은 이를 받아 주었지요. 하지만 특허를 받은 지 2년이 지나자 특허청은 그의 특허를 취소했어요. 1845년에 로버트 톰슨이라는 발명가가 이미 공기 타이어로 특허를 받은 일이 뒤늦게 밝혀진 거예요. 톰슨은 마차 바퀴에 사용하려고 공기 타이어에 대한 아이디어를 냈고 특허 등록까지 마쳤지요. 하지만 당시에는 재료로 쓰일 고무가 턱없이 부족해서 고무 타이어를 대량으로 생산해 내지 못했던 거예요.

공기 타이어를 처음 발명한 건 톰슨이었지만 대중화에 성공을 거둔 건 던롭이었어요. 던롭은 1889년에 공기 타이어 공장을 세우고 자전거용 공기 타이어를 생산하기 시작했어요. 마침 자전거가 크게 유행했던 때여서 던롭은 큰 성공을 거둘 수 있었답니다.

이후 자동차가 거리마다 등장하면서 보다 튼튼하고 빠르게 달릴 수 있는 공기 타이어가 속속 개발되었어요. 공기 타이어는 소음과 충격을 크게 줄여 주고 승차감을 높여 주었지요. 자전거, 자동차, 항공기 등 우리 주변의 탈것에 널리 쓰이는 공기 타이어는 이제 없어선 안 될 중요한 발명품이 되었답니다.

다리 아프게 올라가지 않아도 돼
엘리베이터

역사상 최초의 엘리베이터는 기원전 3세기에 고대 그리스의 과학자 아르키메데스가 시칠리아 섬에 만들었다고 전해지고 있어요. 나무로 된 단을 굵고 튼튼한 밧줄로 묶은 다음 도르래에 연결해서 움직였지요.

19세기 중반 미국 뉴욕은 수많은 공장이 들어서면서 도시가 점점 커지기 시작했어요. 건물의 수가 급격하게 늘어나면서 엘리베이터는 짐을 옮기는 용도로 많이 이용되었어요. 그런데 밧줄이나 케이블 하나에 연결된 엘리베이터는 무척 위험했어요. 추락 사고가 잦아서 밑에서 일을 하던 인부들이 목숨을 잃는 일도 빈번했지요.

'사람이 탈 수 있는 안전한 엘리베이터가 필요해.'

미국의 기술자였던 엘리샤 오티스는 늘 이런 생각을 해 왔어요.

당시 사람들은 추락의 위험 때문에 엘리베이터에 직접 탈 엄두를 내지 못했어요. 그래서 뉴욕의 건물들은 사람들이 걸어서 올라갈 수 있도록 최대 5층 높이로만 지어졌지요.

오티스는 연구를 거듭한 끝에 줄이 끊어져도 추락하지 않는 엘리베이터를 개발하는 데 성공했어요.

"됐어! 이제 이 엘리베이터의 안전성을 증명해 보이기만 하면 돼."

1853년 박람회가 열리던 뉴욕의 수정궁 앞에 수많은 사람들이 모였어요. 오티스는 사람들이 지켜보는 가운데 엘리베이터에 올라 사람들 머리 위로 높이 올라갔어요. 긴장의 순간, 드디어 오티스가 조수에게 사인을 보냈어요. 사인을 받은 조수는 도끼를 들고 케이블을 잘랐어요.

"아악! 위험해요!"

여러 사람들의 비명 소리가 울려 퍼졌지만 엘리베이터는 추락하지 않았어요. 오티스가 만든 엘리베이터의 안전성이 입증되는 순간이었지요.

오티스가 초기에 만든 엘리베이터는 줄이 끊어지는 순간 엘리베이터 양쪽에 매달린 갈고리가 튀어나와 그 자리에서 멈추도록 설계되었어요. 오티스의 안전한 엘리베이터 덕분에 뉴욕에서는 고층 건물들이 경쟁하듯 지어졌어요. 엘리베이터의 발전이 도시의 모습까지 바꾼 거예요.

현재 엘리베이터는 고층 건물에는 없어서는 안 될 중요한 발명품이 되었답니다.

음식이 상하는 걸 더 이상 두고 볼 수 없어!

냉장고

    냉장고가 발명되기 전, 고대 그리스 인들과 로마 인들은 산꼭대기에서 만년설을 퍼다 저장고를 만들고 그 안에 포도주 등을 보관했다고 해요. 우리나라 조상들은 얼음을 보관할 수 있는 지하 창고를 만들고 거기에 겨우내 채집한 얼음을 보관해서 여름까지 사용했지요. 하지만 이런 냉장 시설은 일부 지배 계층이나 이용할 수 있었을 거예요.

    19세기, 서구에 증기선이 발명되자 많은 물물들이 대륙과 대륙을 넘나들었어요. 서인도 제도의 바나나가 유럽으로 수출되었고 아르헨티나의 소고기가 영국으로 수출되는 등 각종 농축산물의 거래가 활발해졌지요. 농축산물을 신선하게 옮기려면 냉장 시설이 필요해졌어요.

1862년, 제임스 해리슨이 처음으로 냉장고 개발에 성공했어요. 냉장고를 세상에 내놓자 맥주 업체와 육류 업체는 흥분을 감추지 못했지요.

"우리 회사가 그 냉장고를 대량으로 사겠소! 그것만 있으면 고객들에게 신선한 맥주를 대량으로 공급할 수 있겠군."

"고기를 신선하게 보관하는 데 무척 요긴하겠군요. 우리 회사에서도 당신네가 만든 냉장고를 구입하고 싶습니다."

이로써 사람들은 다른 대륙에서 생산되는 농축산물을 신선하게 즐길 수 있게 되었어요.

그런데 초기 냉장고는 문제가 많았어요. 폭발하는 경우도 종종 있었고, 냉매(냉동 작용을 하는 물질)가 유출되어 지독한 냄새를 풍기는 경우도 있었지요. 또 크기가 무척 컸기 때문에 주로 산업용으로만 쓰였어요.

그 후 50여 년이 지난 1911년, 미국의 제너럴일렉트릭사가 가정용 냉장고를 최초로 만들었어요. 크기를 대폭 줄이는 데 성공한 것이지요. 그 뒤로도 냉장고 생산 기술은 꾸준히 발전했어요. 우리나라는 1965년 금성에서 최초로 냉장고를 개발했지요.

냉장고는 20세기 핵심 발명품 중 하나예요. 냉장고에 음식을 보관하면 박테리아의 번식을 느리게 해 주어 오랫동안 식품을 보관할 수 있지요. 냉장고가 생기면서 사람들의 식문화도 크게 발달했어요. 먼 나라에서 온 과일이나 육류를 먹을 수 있게 되었고, 보관 기간을 늘리기 위해 소금이나 설탕을 음식에 다량으로 넣지 않아도 되었지요.

시원한 바람으로 더위를 날려 주는
선풍기

　에어컨은커녕 선풍기도 없던 시절, 사람들은 그늘로 피하거나 부채를 사용하는 방법으로 더위를 피했어요.

　선풍기가 처음 발명된 것은 1882년의 일이에요. 미국 매사추세츠 주에 살던 스카일러 휠러가 전기로 움직이는 기계식 부채를 처음으로 만들었지요. 그가 겨우 스물두 살 때의 일이에요.

　"짠! 이게 내가 발명한 기계식 부채예요!"

　휠러가 가족들에게 자신의 발명품을 처음으로 선보였어요.

"정말 여기서 시원한 바람이 나온단 말이냐?"

"그럼요! 이 날개가 돌아가면서 바람이 나올 거예요."

전원을 연결하자 모터가 돌아가면서 정말로 시원한 바람이 나왔어요.

"와! 정말로 신기하구나!"

두 개의 날개가 돌아가며 바람을 일으키는 이 기계는 책상이나 탁자 위에 올려 놓을 수 있을 만큼 작았어요.

휠러가 만든 선풍기는 한 모터 제조업체에서도 만들어 판매를 했는데 보통 사람들에게는 그저 그림의 떡과 같은 존재였어요. 값도 비싼 데다가 당시에 전기를 자유롭게 쓸 수 있는 곳은 드물었기 때문이에요.

같은 해에 필립 딜은 천장에 매달 수 있는 선풍기를 개발했어요.

"제가 만든 선풍기는 휠러의 선풍기와는 차원이 다릅니다. 더 넓은 공간에서 더 많은 사람들을 시원하게 해 주지요."

딜이 만든 선풍기는 바람이 보다 넓은 공간으로 퍼져서 공장이나 사무실 등에서 사용하기에 그만이었어요.

그런데 이 시기에 만들어진 선풍기는 모두 보호망이 없었어요. 그래서 위험했지요. 보호망이 생긴 뒤에도 위험하기는 마찬가지였어요. 망에 난 구멍이 너무 커서 아이들이 호기심에 손을 넣었다가 다치는 사고가 빈번하게 일어났어요.

여름철 시원한 바람을 내보내는 선풍기는 에어컨이 발명되기 전까지 우리 생활에서 꽤 중요한 가전제품이었어요. 지금은 에어컨이 선풍기의 자리를 대신하고 있지만 많은 사람들은 환경을 생각하면 에어컨보다 선풍기를 사용해야 한다고 목소리를 높이고 있답니다.

여성을 가사 노동에서 해방시켜 준
세탁기

"오늘따라 빨래가 더 많은 것 같아. 해도 해도 끝이 없네."
"그러게요. 오늘은 하루 종일 빨래만 하다가 끝나겠어요."
세탁기가 발명되기 전, 여성들은 빨래를 하느라 꽤 많은 시간을 들여야 했어요. 매일매일 산더미처럼 쌓이는 옷과 이불, 수건, 식탁보, 커튼, 기저귀 등을 모두 손으로 빨아야 했지요. 빨래를 비비고 삶은 다음에는 물로 헹구고, 흠뻑 젖은 세탁물을 손으로 짜서 빨랫줄에 널어야 하니 여간 고된 게 아니었지요.

그러다 1900년경, 미국에서 처음으로 전기를 사용한 세탁기가 발명되었어요. 세탁기에 빨랫감과 세제, 물을 넣은 뒤 전기를 연결해 모터를 돌리면 빨래가 끝나 있었지요.

"빨래를 대신해 주는 기계라고요? 정말 신기하네요."

"세탁통이 진동하면서 빨래를 해 준대요."

하지만 맨 처음 발명된 세탁기는 널리 쓰이지 못했어요. 모터가 밖으로 드러나 있었기 때문에 물에 닿기 쉬웠고 쉽게 고장이 났지요. 또 자칫 모터를 잘못 건드릴 경우 감전될 위험이 있었어요.

얼마 후, 캐나다에서 좀 더 성능이 발전된 세탁기가 등장했어요. 모터가 금속 틀 안에 들어 있었기 때문에 감전될 위험이 없었고, 세탁통이 진동하면서 빨래하던 방식이 빨랫감을 휘저어 섞는 방식으로 바뀌었지요.

그 후로도 세탁기는 계속해서 진화했어요. 세탁기에 타이머가 달렸고, 자동 탈수 기능도 생겼어요. 또 물 온도를 조질하는 기능도 생겼지요. 오늘날에는 실크나 니트 같은 망가지기 쉬운 의류를 빨아 주는 기능, 삶음 기능, 건조 기능 등 다양한 기능을 갖춘 세탁기가 널리 사용되고 있답니다.

1940년대 중반에 미국이 조사한 결과에 따르면, 평균 17킬로그램에 달하는 빨래를 세탁하는 시간은 4시간에서 약 40분으로 여섯 배 가까이 줄어들었다고 해요. 세탁기가 생겨난 이후 가사 노동 시간이 크게 줄어든 것이지요. 여성이 단순한 가사 노동으로부터 해방되어 자기 개발을 할 수 있는 시간을 갖게 된 거예요. 결국 세탁기의 발명은 여성이 사회 활동을 시작하는 데 큰 도움을 주었답니다.

곳곳에 쌓인 먼지를 순식간에 제거해 주는
진공청소기

 영국의 기계 기술자인 허버트 세실 부스는 휴가를 내고 런던에서 열리는 신기술 전시회를 찾았어요. 그곳에서는 한 발명가가 자신이 만든 청소 기계를 작동시키고 있었지요.

 "쓰레기통으로 먼지를 불어 넣는 기계입니다. 아주 놀라운 기술이지요."

 청소 기계가 작동하자 기계 안에서 바람이 나왔어요. 그 바람이 먼지를 불어 댔고 먼지가 날리면서 먼지 통에 들어갔지요. 하지만 먼지는 엉뚱한 곳으로도 날아갔어요. 그걸 본 부스는 깊은 생각에 빠졌어요.

'먼지를 불어 넣는 청소기 말고, 먼지를 빨아들이는 청소기를 만들 수는 없을까? 훨씬 편하고 깨끗하게 청소할 수 있을 텐데…….'

어느 날 저녁, 친구들과 저녁을 먹던 부스는 이상한 행동을 했어요. 손수건을 꺼내 의자에 깐 다음 입을 동그랗게 벌려 손수건을 빨아들였지요.

"자네, 지금 뭐 하는 건가?"

친구가 깜짝 놀라 물어봤지만 부스의 귀에는 아무 소리도 들리지 않았어요. 수건에는 입 모양으로 먼지가 모여들어 있었지요.

"바로 이거야!"

부스는 곧장 달려가서 연구에 매진했어요. 1901년, 마침내 부스는 세계 최초로 먼지를 빨아들이는 청소기를 발명해 냈지요.

하지만 이 청소기는 일반 사람들에게 널리 쓰이지 못했어요. 청소기가 마차만큼이나 커서 집 안으로 들일 수 없었거든요. 소음도 엄청나게 컸어요. 그래서 청소를 전문으로 하는 청소 업체가 주로 사용했어요. 수레에 청소기를 싣고 다니며, 긴 호스를 연결해서 집 안의 먼지를 빨아들였지요.

실내에서 쓰일 만큼 작아진 진공청소기는 7년이 지난 1908년에 발명되었어요. 미국인 제임스 스팽글러가 소형 전기 모터를 이용해서 가정용 진공청소기를 개발했지요.

집 안 구석구석에 쌓인 먼지를 순식간에 제거해 주는 편리한 발명품인 진공청소기는 스팽글러 이후에도 수많은 사람들의 손을 거쳐 계속해서 발전해 왔어요. 모터의 소음은 줄어들고 크기는 더욱 작아졌지요. 요즘에는 스위치를 켜 두면 스스로 청소하는 '로봇 청소기'나 전기선이 없어 자유자재로 움직일 수 있는 '핸드형 청소기'도 흔히 쓰인답니다.

가만히 앉아서 채널을 바꾸고 싶어

리모컨

　1950년, 유진 폴리는 미국의 전자 제품 회사인 제니스사에서 일하고 있었어요. 그러던 어느 날, 사장이 직원들을 모아 놓고 이렇게 말했어요.

　"텔레비전에서 광고를 보지 않는 방법을 연구해 보시오."

　처음에는 의아하게 생각했던 직원들도 곧 사장의 의도를 이해할 수 있었어요. 당시에는 텔레비전이 빠르게 보급되면서 영화관에 가지 않아도 집에서 편하게 여러 프로그램들을 시청할 수 있었어요. 단, 중간에 광고가 너무 자주 나와서 보기 싫은 광고를 피하려면 여간 귀찮은 게 아니었어요.

'채널을 바꾸려고 움직이기 정말 귀찮지. 무슨 좋은 방법이 없을까?'

그때부터 폴리는 편하게 앉아서 텔레비전 채널을 돌릴 수 있는 방법을 연구하기 시작했어요. 얼마 뒤, 폴리는 텔레비전에 신호 장치를 달고 긴 전선을 텔레비전과 연결해서 채널을 바꿀 수 있는 리모컨을 발명했지요. 이 리모컨에 게으름뱅이란 뜻의 '레이지 본'이라는 이름을 붙였어요. 그런데 레이지 본을 사용하는 집에서 불만이 쏟아져 나왔어요. 줄에 걸려 아이들이 넘어지는 일이 잦았거든요.

'전선을 없애고 신호를 직접 주고받을 수 있으면 더 좋을 거야.'

폴리는 빛으로 신호를 주고받을 수 있는 최초의 무선 리모컨 '플래시 매틱'을 발명했지요. 플래시 매틱은 채널을 바꾸는 기능밖에 없었던 레이지 본보다 많은 기능을 가지고 있었어요. 채널을 바꾸는 것은 물론 텔레비전을 끄고 켤 수 있었고 소리를 조절할 수도 있었지요. 그런데 아주 커다란 단점이 있었어요. 빛을 감시하는 센서가 너무 예민해서 리모컨을 쓰지 않아도 텔레비전이 제멋대로 작동되었던 거예요.

폴리는 로버트 애들러 박사와 함께 새로운 리모컨 개발에 더 힘을 쏟았어요. 그 결과 1956년에 초음파를 이용한 '스페이스 코맨드'를 발명해 냈어요. 기존 리모컨들의 단점을 크게 줄인 리모컨이었지요.

폴리가 길지 않은 시간 동안 이렇게 더 나은 기술의 리모컨을 계속 만들어 낼 수 있었던 것은 불편함을 개선하려는 노력 덕분이었어요. 폴리의 리모컨은 1980년대에 들어서면서 적외선을 이용한 리모컨의 발명으로 이어졌지요. 지금은 서로 다른 여러 회사의 제품들을 단 하나의 리모컨으로 작동시키는 통합 리모컨도 개발되어 사람들에게 편리함을 더해 주고 있답니다.

자동판매기
아무 때나 물건을 살 수 있는

　자동판매기가 처음 발명된 것은 1857년 영국의 발명가 시메온 덴함에 의해서였어요.

　"그거 참 신기하네! 어떻게 놀이 기구가 저절로 움직이는 거지?"

　덴함은 고개를 갸웃거리며 놀이 기구를 이리저리 살펴보았어요. 벌써 수십 명의 아이들이 놀이 기구를 타다가 집에 돌아갔지만 덴함은 그 자리에서 꼼짝도 하지 않았지요.

　"저 기계가 동전이 들어간 걸 어떻게 아는 거지?"

궁금한 것을 참지 못하는 덴함은 놀이 기구를 만든 회사로 직접 찾아가서 물어보았어요.

"우리 회사의 놀이 기구 원리는 간단하죠. 동전이 들어오면 그 무게 때문에 기계가 저절로 움직이도록 설계되어 있습니다."

'아하! 그런 간단한 원리라면 나도 새로운 기계를 만들 수 있겠는걸!'

덴함은 곧바로 새로운 발명품을 만들기 위한 연구에 들어갔어요. 그리고 얼마 후, 동전을 넣으면 물건이 저절로 나와 사람이 없어도 물건을 팔 수 있는 자동판매기를 만들어 냈지요.

덴함이 처음 만든 자동판매기는 담배 자동판매기였어요. 1페니의 동전을 넣으면 입구가 열려서 필요한 만큼의 담배를 꺼내 쓸 수 있도록 만들어졌지요. 담배 자동판매기는 '정직 상자'라고 불리기도 했어요. 쓰는 양을 개인의 양심에 맡긴다는 의미에서 붙여진 이름이에요. 담배 자동판매기로 특허 등록을 마친 덴함은 두 번째로 우표 자동판매기를 만들었어요.

이후 영국에서는 여러 종류의 자동판매기가 놓인 무인 가게가 생길 정도로 자동판매기가 큰 인기를 끌었답니다.

놀이 기구의 원리에서 탄생한 자동판매기는 이후 다양한 형태로 발전했어요. 현재는 영화관, 터미널, 공원, 병원, 관공서, 학교 등에도 자동판매기가 흔히 설치되어 있어요. 자동판매기가 없는 곳이 없을 정도이지요. 판매하는 물건도 무척 다양해요.

자동판매기는 공간과 인건비 절약은 물론, 24시간 동안 자유롭게 이용할 수 있다는 장점이 있답니다.

찍고 바로 볼 수는 없을까?
폴라로이드 카메라

"자, 여길 보고 웃으렴."

1909년 미국에서 태어난 에드윈 랜드는 딸 사진 찍는 걸 무척 좋아했어요. 하지만 사진을 찍을 때마다 아쉬운 점이 하나 있었지요.

'이번엔 아주 활짝 웃었는데, 사진이 어떻게 나왔을까 궁금하군.'

랜드는 사진을 찍을 때마다 사진이 어떻게 나올지 바로바로 알 수 없다는 게 안타까웠어요. 당시에는 사진을 찍고 인화된 사진을 손에 넣기까지 꽤 오랜 시간이 걸렸어요. 일단 필름 한 통을 다 찍은 후에야 필름을 현상소에 맡

겼고, 인화된 사진을 찾으려면 며칠을 기다려야 했지요.

그러던 어느 날, 랜드는 사진을 찍다가 문득 이런 생각이 떠올랐어요.

'가만! 사진을 찍자마자 볼 수는 없을까? 즉석에서 사진이 인화되어 나오는 카메라가 있다면 가능할 텐데……'

하버드 대학에서 물리학을 공부했던 랜드는 그 즉시 즉석 카메라에 대한 연구에 들어갔어요. 그리고 오랜 시간 끈질기게 연구한 끝에 1947년 즉석에서 사진이 인화되어 나오는 폴라로이드 카메라를 발명해 냈지요.

랜드는 폴라로이드 카메라로 특허를 받았고, 얼마 후 제품으로 만들어 사람들에게 선보였어요.

"정말 신기해! 사진이 바로바로 나오다니!"

"요술 상자가 따로 없군!"

폴라로이드 카메라를 처음 본 사람들은 너도나도 감탄을 아끼지 않았고, 세상에 내놓기 부섭게 팔려나가기 시작했지요.

그런데 19세기 후반부터 디지털카메라가 널리 보급되면서 폴라로이드 카메라의 수요는 크게 줄어들었어요. 하지만 사진을 바로바로 뽑을 수 있다는 장점 때문에 폴라로이드 카메라를 좋아하는 사람들은 여전히 많아요. 요즘에는 디지털카메라와 폴라로이드 카메라의 기능을 합친 카메라까지 출시되었답니다.

교통사고를 멈추게 하라!
신호등

19세기 중반, 산업혁명으로 도시가 점점 커지자 거리는 사람들과 마차들로 무척 혼잡했어요. 그러다 보니 사람들이 마차에 치이는 사고도 자주 일어났어요.

"어제 저녁에 마차에 또 사람이 치였다는군."

"쯧쯧, 무슨 방법을 찾든가 해야지 큰일이야."

존 나이트도 이런 문제점을 인식하고 신호등을 개발해야겠다고 생각했어요. 얼마 뒤, 나이트가 개발한 최초의 신호등이 영국 런던의 국회 의사당 근처에 설치되었어요. 1868년 12월의 일이었지요.

　이 신호등은 파란불과 빨간불의 가스 랜턴으로 이루어져 있었는데, 경찰관이 직접 들고 서서 손잡이를 돌려 신호를 바꾸었어요. 자동차들은 빨간불을 보면 멈추었고, 파란불을 보면 지나갔어요. 그런데 신호등이 설치되고 몇 주가 지나지 않아서 가스 랜턴이 터지는 바람에 경찰관이 다치고 말았어요. 그 후 신호등은 거리에서 사라져 버렸어요.

　그 후로 수십 년이 지난 1910년대 후반, 자동차가 널리 보급되어 미국의 주요 도시는 교통난이 점점 심해졌어요. 차가 많이 막혔고 사고도 많아졌지요. 당시 미시건 주의 경찰이었던 윌리엄 포츠는 차들을 정리할 무언가가 필요하다고 생각했어요.

　'철도 건널목에 사용하는 신호등을 교차로에서 써 보면 어떨까?'

　당시 철도 건널목에는 신호등을 사용하고 있었는데, 빨간색, 노란색, 초록색 신호를 사용했어요. 포츠는 이를 참고해서 전기 신호등을 만들었어요. 그리고 교통이 복잡한 교차로에 설치했지요.

　포츠의 신호등은 효과가 바로 나타났어요. 운전자들이 신호등의 신호에 따라 움직이자 차가 덜 밀리고 교통사고도 줄어들었지요.

　현재 우리가 쓰는 신호등은 포츠가 발명한 신호등과 매우 비슷해요. 포츠의 신호등 전에도 다른 신호등이 쓰였지만 빨강, 노랑, 초록의 세 가지 색을 이용한 신호 체계를 사용한 것은 포츠의 신호등이 처음이에요.

　포츠의 신호등이 있었기에 현재 우리가 안전하게 자동차를 탈 수 있는 것이랍니다.

탑승자의 목숨을 지키는
안전벨트

1930년대 미국이나 유럽에서는 성능이 좋은 자동차가 많이 생산되었어요. 게다가 고속도로까지 뚫리면서 사람들은 자동차를 타고 쌩쌩 달리기 시작했지요. 그러다 보니 큰 교통사고가 잦았고, 사고가 나면 사람들이 자동차 밖으로 튕겨 나가 버리기 일쑤였지요.

1946년, 미국의 헌터 쉘든 박사는 교통사고로 응급실에 온 환자들을 연구하기 시작했어요.

"어쩌다 이렇게 심하게 다쳤죠?"

"자동차 사고가 나서 머리와 폐를 크게 다쳤습니다."

병원에서 교통사고로 사망하는 환자들이 계속 늘어나자 쉘든 박사는 부상의 위험을 줄일 수 있는 방법을 연구하기 시작했어요.

'사고가 났을 때 차 밖으로 튕겨 나가지 않게 막아 주는 안전벨트가 필요해. 물론 머리와 가슴이 크게 다치는 것도 막아 줄 수 있어야 하고.'

1955년, 쉘든은 자동차 사고 사망자를 줄이기 위해서 반드시 안전벨트가 필요하다는 논문을 발표했어요.

비슷한 시기에 벤츠와 포드, 볼보 같은 자동차 회사에서 자동차에 안전벨트를 설치하기 시작했어요. 하지만 당시만 해도 자동차에 안전벨트를 설치하는 것은 고객의 선택 사항이었어요. 또 비행기의 안전벨트처럼 허리 부분만 고정해 주는 형태였기 때문에 머리나 가슴이 다칠 위험은 여전했지요.

그러던 중 닐슨 볼린이라는 사람이 전투기의 안전 장치를 개발했던 경험을 바탕으로 새로운 안전벨트를 발명했어요. 1959년의 일이었지요. 이때 볼린이 발명한 3점식 안전벨트는 현재 우리가 사용하는 안전벨트와 무척 비슷하게 생겼답니다. 이 안전벨트는 가슴과 허리를 고정시켜 주기 때문에 탑승자의 안정성을 더욱 높여 주지요.

이제 안전벨트가 세상에 나온 지 약 60년 정도가 되었어요. 그동안 안전벨트는 전 세계 100만 명 이상의 목숨을 구했지요.

안전벨트가 탑승자의 안전에 크게 도움이 된다는 것이 입증되었기 때문에 세계 여러 나라에서는 자동차를 탈 때 안전벨트를 꼭 매도록 법으로 정해 놓고 있어요. 우리나라에서는 1986년에 안전벨트를 꼭 착용하도록 법으로 정했지요.

계단 대신 편리하게 오르내릴 수 있는
에스컬레이터

1896년, 런던 해러즈 백화점에 에스컬레이터가 설치되었을 때의 재미난 일화예요.

"어지러우십니까? 이걸 드시면 좀 나아지실 겁니다."

에스컬레이터에서 내리는 고객들에게 백화점 직원이 음료수가 든 잔을 건네며 이렇게 말했지요.

1층에서 2층으로 겨우 한 층, 천천히 움직이는 에스컬레이터를 잠깐 탔던 고객들은 실제로 두려움과 어지러움을 호소하기도 했어요. 아마도 당시 에스컬레이터는 지금처럼 안정적인 모습이 아니었을 거예요.

에스컬레이터를 처음 발명한 미국인 제시 리노가 에스컬레이터에 대한 아이디어를 처음 떠올린 것은 겨우 6살 때였어요. 상상력이 뛰어났던 꼬마 리노는 서른 살 어른으로 자라난 1892년에 에스컬레이터를 직접 만들었어요. 원리는 간단했어요. 전기 모터로 움직이는 경사진 컨베이어 벨트 위에 나무 판자를 올려서 만들었어요.

이 에스컬레이터는 뉴욕의 코니아일랜드 공원에 처음 설치되었어요.

"자, 이번 주말에는 움직이는 계단을 타러 가 볼까?"

"움직이는 계단요? 정말 그런 게 있어요?"

가족들 또는 연인들 단위로 수많은 사람들이 공원으로 몰려들었어요.

"와! 신기해. 정말 계단이 움직여!"

"어휴, 난 보기만 해도 소름이 끼치네. 무서워서 못 타겠어."

놀이 기구처럼 설치된 에스컬레이터를 타기 위해 사람들은 매일같이 줄을 서서 기다리고는 했답니다.

당시에 에스컬레이터로 특허를 받은 사람은 둘이에요. 같은 해에 조지 휠러라는 사람도 에스컬레이터를 만들었지요. 휠러의 에스컬레이터는 나무판자 대신 계단을 이용했기 때문에 훨씬 안정적이었어요.

엘리베이터를 만드는 오티스사에서 두 사람의 특허권을 사들이고 난 뒤 본격적으로 에스컬레이터를 연구하고 생산하기 시작했어요. 그 후 백화점과 지하철에 에스컬레이터가 설치되었고 지금까지 세계 곳곳에서 사람들의 편리한 이동 수단으로 이용되고 있답니다.

언제 어디서든 결제가 자유로운
신용 카드

　20세기 초반, 미국에서는 신용 카드가 사용되고 있었어요. 그런데 이 신용 카드는 몇몇 호텔과 상점, 주유소 등에서 단골손님을 상대로만 발급되었지요. 따라서 이 신용 카드는 카드가 발급된 가게에서만 사용할 수 있었어요.

　1949년의 어느 날이었어요. 사업을 하던 프랭크 맥나마라는 한 백화점 창업주의 손자와 자신의 변호사를 저녁 식사에 초대했어요. 세 사람은 뉴욕의 한 유명 식당에서 즐겁게 식사를 했지요. 식사를 마친 뒤, 맥나마라가 식사값을 계산하려고 주머니에 손을 넣었는데, 주머니 속에는 아무것도 없었어요.

"이런! 지갑을 집에 놓고 왔나 보군."

맥나마라는 집에 전화를 걸어서 아내에게 지갑을 가지고 와 달라고 부탁했어요.

'이거 참 불편하군. 이럴 때 여러 곳에서 사용이 가능한 신용 카드가 있으면 좋을 텐데…….'

맥나마라가 신용 카드에 대한 아이디어를 함께 있던 두 사람에게 말하자, 무척 좋은 아이디어라며 반겼어요. 이 세 사람은 함께 힘을 모아 1950년, 신용 카드 회사인 '다이너스 클럽'을 세웠어요.

다이너스 클럽은 음식점, 백화점, 호텔 등 여러 사업체와 제휴해 고객들이 현금 대신 신용 카드로 대금을 치를 수 있게 계약했어요. 그런 다음 고객들에게 수수료를 받고 신용 카드를 발급해 주었지요. 제휴 업체들은 신용 카드로 번 돈의 일정 금액을 다이너스 클럽에 지불했어요.

다이너스 클럽은 크게 인기를 끌어 첫해에만 무려 2만 개의 신용 카드를 발행했어요.

미국 뉴욕에서 처음 사용되기 시작한 신용 카드는 미국 전역과 세계 주요 나라들로 빠르게 번져 나갔어요. 신용 카드는 현금이나 수표에 이은 결제 수단으로 '제3의 통화' 또는 '플라스틱 머니'라고 불려요. 현금을 잔뜩 집어 넣어 불룩한 지갑을 들고 다니는 대신 카드 한 장으로 언제 어디서나 마음껏 필요한 것을 구입할 수 있지요. 하지만 과소비를 조장하고 분실하면 큰 손해를 입을 수 있다는 문제점도 가지고 있답니다.

언제 어디서든 내 돈을 찾고 싶어
현금 인출기

은행에 가지 않아도, 은행 문이 닫힌 시간에도 우리는 현금 인출기에서 예금된 돈을 찾아 쓸 수 있어요. 이렇게 편리한 기계를 맨 처음 발명한 사람은 루터 조지 심지안이에요.

1939년, 이 기계가 처음으로 미국 뉴욕의 한 은행에 설치되었을 때, 사람들의 반응은 그리 좋지 않았어요.

"이 기계를 이용하시면 창구에 줄을 서서 오랫동안 기다리실 필요가 없습니다."

"글쎄요? 이 기계가 내 돈을 정확하게 내어 줄 것 같지 않은데……."

은행 직원이 친절하게 안내했지만 사람들은 기계를 이용하기 꺼려했어요. 기계가 제대로 작동될지 의심스러웠던 거예요. 결국 6개월 만에 기계는 조용히 모습을 감추어야 했답니다.

그로부터 약 30년이 지난 1967년에 현금 인출기가 다시 세상에 모습을 드러냈어요. 영국인 존 셰퍼드 배런이 만들었지요.

어느 날, 돈이 급히 필요했던 배런은 부랴부랴 은행으로 갔어요. 하지만 교통 사정이 좋지 않아 배런이 은행 앞에 내렸을 때 은행은 이미 문을 닫은 뒤였지요.

'정말 난감하군. 이럴 때 급히 돈을 찾을 수 있는 방법이 없을까?'

얼마 뒤, 배런은 초콜릿 자동판매기에서 초콜릿을 사 먹는 아이를 보며 문득 이런 생각이 들었어요.

"그래! 저거야! 저 자동판매기처럼 예금을 찾을 수 있는 기계를 만들자. 그렇게 되면 세계 어디에서든 내 돈을 찾아 쓸 수 있을 거야!"

배런은 돈이 잘못 인출될 경우를 대비하기 위해서 개인 식별 번호가 암호화되어 있는 종이 증명서를 개발했어요. 그 종이를 기계에 넣고 자신만 아는 비밀번호 네 개를 입력하면 예금된 돈을 안전하게 찾을 수 있었지요.

1967년 6월, 배런이 만든 현금 인출기가 런던의 한 은행에 설치되었어요. 그 후 60년대 말까지 전 세계에 781대의 현금 인출기가 설치되었지요.

초기에 현금을 인출하는 기능밖에 없었던 현금 인출기는 점점 더 발달되었어요. 이제 무통장 입금은 물론 다른 이에게 돈을 보내고 세금을 내는 일까지 도맡아 하는 생활 필수 기계로 자리 잡았답니다.

편리한 막대기 부호
바코드

1948년의 어느 날, 미국의 한 식품 체인점을 운영하는 사장이 필라델피아에 위치한 드렉셀 기술 대학교의 학장을 찾아왔어요.

"물건의 가격과 정보를 암호로 저장해 놓았다가 고객들이 물건을 살 때 그 기록이 뜨게 하는 장치가 있었으면 좋겠습니다. 한마디로 물건을 구별하는 장치지요. 혹시 그런 걸 개발해 주실 수는 없습니까?"

"죄송하지만 그건 불가능해요."

학장은 딱 잘라 말했어요. 하지만 그 옆에서 그들의 대화를 듣던 대학원생

버나드 실버는 호기심이 생겼지요.

'흠, 물건을 구별해 주는 장치라…….'

그날 이후로 실버의 머릿속은 그 '똑똑한 장치'에 대한 생각으로 가득 찼어요. 며칠 뒤, 실버는 동료인 노먼 우드랜드에게 도움을 청했지요.

"그런 장치만 개발되면 물건 분류와 관리가 훨씬 쉬워질 거야!"

그날부터 실버와 우드랜드는 함께 연구에 들어갔어요. 두 사람은 수많은 시행착오를 거치며 밤낮으로 노력했지요.

그러던 어느 날이었어요. 할아버지 댁에 잠시 쉬러 간 우드랜드는 바닷가 모래사장에 앉아 아무 생각 없이 손가락으로 선을 그리고 있었지요. 머릿속으로는 상품 구별 장치를 떠올리며 말이에요.

'모스 부호(점과 선을 배합해서 문자와 기호를 나타내는 전신 부호)를 응용할 수 있다면 좋을 텐데…….'

그새 우드랜드의 눈에 자신이 모래 위에 그이 놓은 선들이 들어왔어요.

"그래! 모스 부호를 선으로 늘어뜨려서 점은 가는 선, 선은 굵은 선으로 만드는 거야."

이렇게 해서 검은 선과 빈 칸이 나열돼 이루어진 막대기 부호, '바코드'가 발명되었어요. 두 사람은 1952년에 바코드에 대한 특허를 받았지요.

바코드가 발명되자마자 사람들의 생활이 편리하게 바뀐 것은 아니었어요. 당시에는 스캔 기술과 컴퓨터 기술이 발전하지 못했거든요. 그래서 1974년이 되어서야 처음으로 대형 상점에서 바코드가 쓰였어요.

바코드는 작고 간단해 보이지만 복잡한 현대 사회가 잘 정리되어 돌아가게 하는 데 커다란 몫을 담당하고 있답니다.

쉽게 떼었다 붙였다 할 수 있는
포스트잇

1968년, 스펜서 실버는 미국의 문구 회사인 쓰리엠(3M)에서 연구원으로 일하고 있었어요. 실버가 이번에 새롭게 발표한 제품은 재사용이 가능한 접착제였지요.

"뭐야? 무슨 접착제가 이렇게 힘이 약해."

"이건 안 되겠어요. 종이가 그냥 스르륵 떨어져 버리잖아요."

회사 동료들의 반응은 별로 좋지 않았어요.

"일부러 접착력을 약하게 만든 겁니다. 게시판에 스프레이로 접착제를 뿌리고 공지를 붙이기에 좋죠. 접착력이 너무 강하면 종이를 뗄 때 종이가 찢어지고 게시판도 지저분해지니까요."

실버가 아무리 설명해도 사람들의 반응은 냉담했어요. 실버가 만든 접착제가 아쉽게도 그냥 묻힐 참이었지요.

그러던 어느 날 쓰리엠의 또 다른 직원인 아트 프라이가 실버를 찾아왔어요.

"그 접착제 견본을 좀 얻을 수 있을까요?"

"무엇에 쓰시려고요?"

"주일마다 성가대에서 찬송가를 부르는데, 성가집에서 찬송가를 찾는 일이 번거롭습니다. 꽂아 둔 책갈피가 빠지는 경우가 많고, 클립을 끼워 놓다가 성가집이 찢어지기도 하거든요. 그런데 종이에 그 접착제를 발라서 책갈피 대신 붙여 놓으면 편할 것 같아서요."

프라이의 생각은 정확했어요. 그 접착제를 종이 띠에 바르고 성가집에 붙이자 잘 붙었고, 나시 뗴자 자국 하나 남기지 않고 깨끗하게 떼이졌지요.

프라이가 찾아낸 새로운 접착제의 장점이 회사 내에서 입소문을 타기 시작했어요. 두 사람은 회사의 지지를 얻어서 '풀을 바른 종이 쪽지'를 생산하기 시작했어요.

1980년에 쓰리엠에서 '포스트잇'이 나왔을 때, 사람들은 어디에 써야 하는지 잘 몰랐어요. 하지만 한번 써 본 사람은 쉽게 떼었다 붙였다 하는 편리함 때문에 포스트잇을 계속 찾았어요. 포스트잇은 책갈피와 간단한 메모지, 또는 물건을 분류할 때 등 다양한 용도로 사용할 수 있어 좋았어요. 쓸모없다고 외면받았던 접착제가 세계에서 가장 잘 팔리는 문구 가운데 하나로 거듭난 거예요.

시각 장애인들을 위한 글자
점자

"이제 아드님은 앞을 볼 수 없을 것입니다."

의사의 말에 루이 브라유의 부모는 눈앞이 캄캄해졌어요. 1년 전, 브라유는 송곳에 찔려 왼쪽 눈을 잃었어요. 그런데 이제 남아 있던 오른쪽 눈마저 감염으로 잃게 된 거예요. 하지만 브라유의 부모는 브라유의 미래를 절대 포기하지 않았어요. 브라유가 읽고 쓰기를 배울 수 있도록 물심양면으로 도왔고 일상생활 또한 스스로 할 수 있도록 교육시켰지요.

열 살이 되던 해, 브라유는 파리의 국립 맹인 학교에 입학했어요. 그곳에는 맹인들을 위해 글자가 볼록하게 새겨진 책이 있었지요. 하지만 이 책은 너무 크고 무거웠기 때문에 불편한 점이 많았어요.

1821년의 어느 날, 전직 군인이었던 샤를 바르비에가 학교로 찾아왔어요. 바르비에는 학생들에게 야간 문자를 가르쳐 주었어요.

야간 문자는 바르비에가 만든 문자인데, 점 열두 개로 글자 체계를 만들고 얇은 철판 위에 송곳으로 눌러서 글을 표시했어요. 이 문자는 어둠 속에서 병사들에게 명령을 전달하기 위해 고안된 것이었지요. 브라유는 금세 야간 문자를 익혔어요.

'문자를 이렇게 쓰니 정말로 편리하구나! 그런데 점의 개수를 줄일 수만 있다면 훨씬 편할 텐데……'

그 후 브라유는 새로운 문자를 만드는 데 온 힘을 쏟았어요. 3년이 지난 1824년, 마침내 여섯 개의 점으로 알파벳 26자와 숫자를 모두 나타낼 수 있는 '점자'를 만들어 냈어요. 기존의 야간 글자보다 훨씬 효율적이있지요. 브라유는 그 후로도 연구를 거듭했어요. 1829년에 점자를 좀 더 간편하게 고쳐서 사람들 앞에 발표했고, 점자 쓰기판과 점자 악보도 발명했답니다.

브라유의 점자는 당시로서는 획기적인 발명이었어요. 시각 장애인이 쉽게 읽을 수 있고 직접 쓸 수 있게 고안되었으니까요. 하지만 브라유가 살아 있던 당시에는 사람들에게 인정받지 못했어요. 그가 생을 마감한 뒤 점자는 그 효용성을 인정받아 프랑스 전체로, 세계 전역으로 퍼졌지요. 그리고 지금까지도 앞을 보지 못하는 사람들이 세상과 소통하는 데 징검다리 역할을 하고 있답니다.

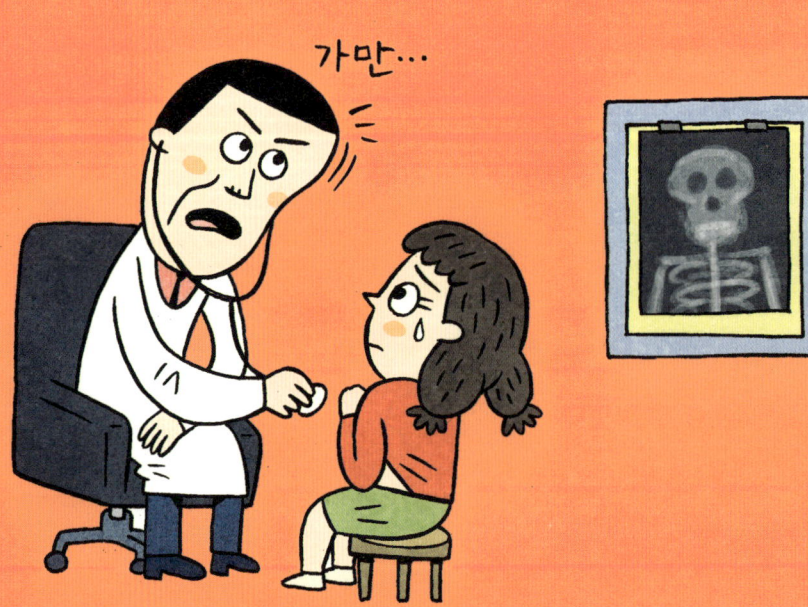

3장 실수로 또는 우연히 탄생한 발명품들

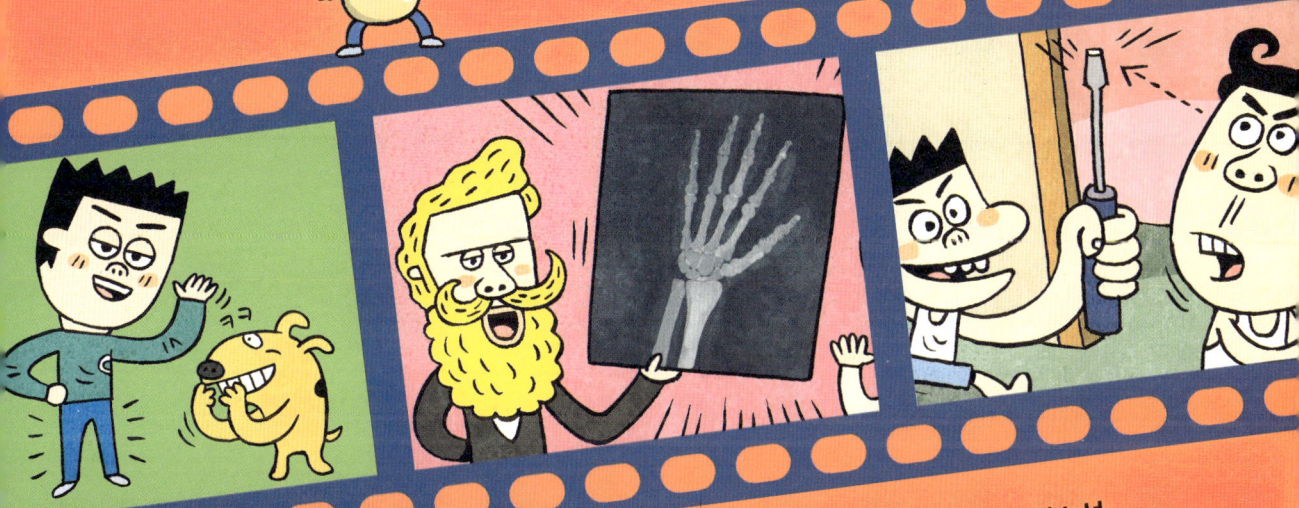

성냥
안전핀
지우개 달린 연필
주전자 뚜껑의 구멍
수정액
커터칼
티백
청바지
나일론
청진기
엑스선
전자레인지
십자나사못

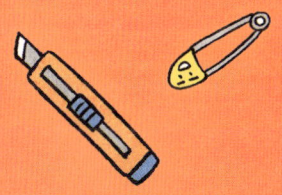

화학 약품을 섞다 우연히 발명한
성냥

18세기 프랑스의 몇몇 화학자들은 화학 물질을 배합해 성냥을 만들었어요. 이 성냥은 불이 잘 켜졌지만 휴대하기 불편했고 위험하기까지 했어요. 그래서 이들이 만든 성냥은 널리 보급되지 못했어요.

그보다 안전하고 실용적인 성냥은 영국의 존 워커라는 사람이 발명했어요. 워커는 의학을 공부하다가 적성에 맞지 않는다는 이유로 약방을 차렸어요. 그리고 틈틈이 화학 실험을 하면서 지냈지요.

"에잇, 불붙이기 너무 귀찮군. 무슨 좋은 방법 없을까?"

실험을 하려면 불이 자주 필요했는데, 매번 힘겹게 불을 붙이려니 답답했어요. 급기야 그는 불붙이는 방법을 연구하기 시작했지요.

1825년의 어느 날, 그는 실험을 하다가 염소산칼륨과 황화안티모니를 아라비아고무와 풀로 반죽해 놓았어요. 그리고 별다른 목적 없이 천에 발라 난로 근처에 두었지요. 그런데 얼마나 지났을까요? 갑자기 확 하고 불길이 일어났어요.

"이런! 큰일 날 뻔했네."

서둘러 불을 끈 워커는 불이 난 원인을 살펴보다 눈동자를 번뜩였어요.

"이거 잘만 하면 불을 쉽게 붙이는 물건을 만들 수 있겠는걸!"

1827년에 워커는 성냥을 발명해 냈어요. 워커가 만든 성냥은 염소산칼륨과 황화안티모니를 같은 비율로 섞어 아라비아고무로 반죽한 다음 그것을 나뭇개비 위에 동그랗게 발라 만들었지요. 이 성냥을 유리 가루를 입힌 종이 사이에 넣고 잡아당기면 마찰열로 인해 불이 붙었어요.

"대성공이야!"

워커는 이 성냥을 자신의 가게에서 팔기 시작했답니다.

하지만 워커의 성냥은 불길이 너무 세고 갑자기 불이 붙는 경우가 종종 생겨서 인기를 끌지 못했어요. 이후 여러 사람들이 새로운 성냥 개발에 힘을 쏟았고, 1847년에 이르러서야 지금과 거의 비슷한 안전성냥이 만들어졌지요.

성냥이 발견되기 전에는 나무나 돌을 마찰시키거나 렌즈로 태양열을 모아 불을 붙였어요. 하지만 이 방법은 무척 번거로웠어요. 또 습한 날에는 불을 붙이기가 어려웠죠. 하지만 성냥이 발명되자 이런 불편함은 한번에 해소되었답니다.

철사를 꼬다 우연히 탄생한
안전핀

1849년 1월, 미국의 발명가 월터 헌트는 깊은 고민에 빠져 있었어요.

'큰일이네. 15달러나 되는 돈을 어떻게 갚지?'

당시 15달러는 현재의 금액으로 환산하면 1,000만 원 정도 되는 큰돈이었어요. 헌트는 이 돈을 갚을 능력이 없었지요.

헌트는 책상에 앉아서 이런저런 궁리를 하며 무심코 철사를 꼬고 있었어요. 그러다 보니 철사가 재미난 모양으로 꼬이게 되었지요.

"어라? 이거 잘하면 뭐가 되겠는데?"

헌트는 한참 동안 철사를 이리저리 손보며 무언가를 만들었어요.

"됐다! 이렇게 하면 손가락을 찔리지 않겠어."

헌트가 만든 건 '안전핀'이었어요. 흔히 '옷핀'이라고 부르지요. 안전핀을 발명하기 전에는 한쪽에는 작은 머리가 달려 있고 다른 한쪽 끝은 뾰족한 일자 핀이 주로 사용되고 있었어요. 일자 핀은 바느질을 하다가 천을 고정할 때, 각종 행사에서 리본이나 이름표 등을 달 때 사용되었지요. 그런데 일자 핀은 잘 빠지고 찔리기 쉽다는 단점이 있었어요.

헌트가 우연히 만든 안전핀은 일자 핀과 달리 두 갈래로 구부러진 모양으로 아래쪽에는 작은 용수철이 달려 있고 위쪽에는 뾰족한 끝을 걸 수 있는 작은 걸쇠가 달려 있었어요. 그래서 일자 핀처럼 쉽게 빠지거나 손을 다칠 위험이 훨씬 적었지요.

헌트는 1849년 4월에 자신이 만든 안전핀의 특허를 등록했어요. 그리고 한 투자자에게 약 400달러의 돈을 받고 특허권을 팔았지요. 빚을 갚고도 많은 돈을 거머쥘 수 있었어요.

헌트의 발명품은 비록 모양과 크기는 작고 단순했지만 그 반응은 아주 폭발적이었어요. 세상에 나오기 무섭게 수백만 달러의 매출을 올리며 팔려 나갔지요. 안전핀은 지금까지도 세계 곳곳에서 가장 유용하게 쓰이는 발명품 가운데 하나랍니다.

손장난을 하다가 우연히 만들게 된
지우개 달린 연필

　1867년 미국 필라델피아의 어느 작은 마을에 꽁꽁 언 손을 녹여 가며 그림을 그리는 소년이 있었어요. 열여섯 살 소년의 이름은 하이만이에요. 하이만은 화가가 되는 게 꿈이었지요.

　"지우개가 또 어디 갔지?"

　그림을 그리다 말고 하이만이 주위를 두리번거리며 지우개를 찾아보았어요. 책상 위를 샅샅이 살피고 바닥에 쪼그려 앉아 구석구석을 뒤져 보았지요. 하지만 손톱만큼 작은 지우개는 좀처럼 눈에 띄지 않았어요.

"어휴! 귀찮아."

하이만은 한숨을 내쉬었어요.

지우개를 잃어버리는 일이 점점 잦아지자 하이만은 지우개를 찾느라 허비하는 시간이 아깝게 느껴졌어요. 그래서 이런저런 방법을 써 보았지요. 연필에 끈을 연결해서 지우개를 매달아 보기도 하고 이젤에 매달아 보기도 했어요. 하지만 지우개가 조각조각이 나기 십상이었어요.

그러던 어느 날이었어요. 잠시 휴식을 취하던 하이만이 연필 끝으로 지우개를 꾹꾹 누르며 무심코 장난을 쳤어요. 그러다 연필 꽁무니에 딱 달라붙은 지우개를 발견하게 되었지요.

"어? 이거 신기한데?"

하이만의 머릿속에 반짝이는 아이디어가 떠올랐어요.

"그래! 이거야! 지우개를 연필 뒤에 붙여 놓으면 되겠어!"

하이만은 연필 뒤에 지우개를 달고 작은 양철 조각을 가져다가 단단히 묶었어요. 결과는 아주 만족스러웠어요.

하이만은 친구의 제의로 지우개가 달린 연필의 특허를 신청했고, 1867년 7월에 특허권이 나왔어요. 하이만은 특허권을 리버칩이라는 연필 회사에 팔았고 그 대가로 큰돈을 받았지요. 우연한 장난이 그에게 뜻하지 않은 행운을 가져다준 거예요.

홧김에 구멍 하나 뚫었을 뿐인데
주전자 뚜껑의 구멍

어느 추운 겨울날이었어요.

후쿠이에는 심한 몸살감기 때문에 꼼짝 못할 만큼 몸이 아팠어요. 감기약을 먹은 후쿠이에는 잠을 자기 위해 누웠어요. 하지만 좀처럼 잠에 빠져들 수 없었지요.

"달가닥 달가닥, 달가닥 달가닥……."

'어휴, 시끄러워.'

후쿠이에를 괴롭히는 그 소리는 바로 난로 위에 올려놓은 주전자의 뚜껑이 달그락거리는 소리였어요. 주전자는 후쿠이에의 침대와 가까운 곳에 있었어요. 감기 때문에 코가 꽉 막힌 후쿠이에는 주전자에서 나오는 수증기로 집 안의 습도를 적당하게 유지시키려고 했어요. 하지만 주전자 뚜껑이 달그락거리는 소리를 참아 낼 수 없었지요.

"어휴! 시끄러워 죽겠네!"

시끄러운 소리를 견디다 못해 화가 머리끝까지 난 후쿠이에는 송곳을 들고 주전자에 다가갔어요.

"에잇! 이거나 먹어라!"

후쿠이에는 송곳을 주전자 뚜껑에 꽂아 버렸지요. 주전자 뚜껑에는 작은 구멍이 났어요.

그리고 자리로 돌아가 누웠지요. 그런데 이상했어요. 한참이 지나도록 달그락거리는 소리가 들리지 않았던 거예요. 수증기가 뚜껑에 난 구멍으로 빠셔나가면서 이전의 요란했던 소리가 멈추었던 거지요.

다음 날 아침, 한결 몸이 가벼워진 후쿠이에는 난로 곁으로 가서 주전자 뚜껑을 살펴보았어요. 단지 구멍을 하나 뚫었을 뿐인데, 시끄러운 소리가 사라졌다는 게 신기하고도 놀라웠어요.

후쿠이에는 얼른 특허를 냈어요. 후쿠이에의 특허 소식은 곧 주방 도구 제조 업체들에 알려졌지요. 이후 거의 모든 냄비나 주전자 뚜껑에는 구멍이 뚫어져 출시되었답니다. 후쿠이에의 우연하고 사소한 아이디어가 우리 생활에 큰 영향을 미치게 된 거예요.

페인트칠을 구경하다가 떠올린
수정액

"이런! 또 오타가 있잖아."

문서를 살펴보던 베티 그레이엄은 울상이 되었어요. 서툰 타자 솜씨 때문에 남들보다 오랜 시간을 들여 문서를 완성했는데, 문서에서 잘못된 글자가 또 눈에 띈 거예요.

1951년 미국의 한 은행에서 비서로 일하던 그레이엄은 타자 솜씨가 형편없었어요. 당시에는 지금처럼 컴퓨터 워드 프로세서가 사용되기 전이어서, 타자를 치다가 글자가 틀리면 처음부터 문서를 새로 작성해야 했지요.

'무슨 좋은 방법이 없을까?'

그레이엄의 머릿속에는 늘 그런 고민이 가득했어요.

경제적으로 형편이 어려웠던 그레이엄은 저녁 시간에 틈을 내서 간판 가게에서 일을 했어요. 그런데 하루는 간판을 색칠하는 동료를 보다가 기발한 생각이 떠올랐어요.

'그래, 저거야! 그림을 색칠하는 것처럼 틀린 글자 위에 하얀색 물감을 덧칠하는 거지.'

그레이엄은 집으로 돌아가서 작은 매니큐어 병에 하얀색 물감을 담았어요. 그리고 회사로 가지고 가서 타자를 치다 틀린 글자가 나오면 그 위에 살짝 덧칠을 했지요.

"오! 감쪽같네."

그레이엄의 문서에서는 이제 더 이상 잘못된 글자가 나오지 않았어요. 그레이엄은 다른 사람들 몰래 수정액을 숨겨 두고 혼자만 사용했지요. 그러던 어느 날, 수정액의 존재가 직원들에게까지 알려졌어요.

"세상에! 이렇게 좋은 걸 혼자만 사용했단 말이야?"

동료들의 반응은 예상 밖이었어요. 속임수를 썼다며 수군거릴 줄 알았던 사람들이 그레이엄의 발명품을 놀라워하며 너도나도 사겠다고 나섰지요.

그레이엄은 곧 '미스테이크 아웃'이라는 이름으로 수정액을 만들어서 팔았어요. 물론 특허를 받는 것도 잊지 않았지요. 수정액의 이름은 곧 '리퀴드 페이퍼'로 바뀌었고, 날개 돋친 듯 팔려 나가며 회사는 제법 커졌지요. 훗날 그레이엄은 특허권과 함께 회사를 질레트사에 팔아 커다란 이익을 남겼답니다.

초콜릿에서 힌트를 얻은
커터칼

칼끝이 무뎌져서 사용하기 불편하면 칼끝을 똑똑 잘라 내고 새것처럼 쓸 수 있는 커터칼! 커터칼은 1956년 일본의 요시다 오카다라는 사람이 발명했어요.

요시다는 종이 자르는 일을 하고 있었어요.

"쯧쯧, 또 이가 나갔군."

요시다는 칼끝이 무뎌질 때마다 칼 전체를 버려야 하는 게 아까웠어요. 간혹 끝을 잘라 내고 사용했는데 귀찮은 건 둘째 치고 자칫하면 손을 다칠 수도 있었지요.

그러던 어느 날이었어요.

"쨍그랑!"

일을 하던 요시다가 실수로 유리잔을 깨뜨렸어요. 요시다는 바닥에 떨어진 유리 조각을 조심스럽게 줍다가 문득 어떤 생각이 떠올랐는지 유리 조각의 잘린 면을 유심히 들여다보았어요. 그러고는 벌떡 일어나 책상 위에 놓인 초콜릿을 살펴보았지요. 요시다의 손에 놓인 초콜릿은 작고 네모난 칸으로 나뉘어 있었어요.

"그래! 기다란 칼에 이 초콜릿처럼 칸을 나눠 놓으면 쉽게 잘라 쓸 수 있을 거야."

요시다는 유리 조각의 잘린 면과 칸이 나뉘어 있는 초콜릿에서 힌트를 얻어 커터칼을 발명했어요. 기다란 칼날에 자름 선을 새겨 놓았지요.

"와! 정말 기발한 아이디어군요!"

"칼을 초콜릿처럼 뚝뚝 자를 수 있다니 대단해!"

커터칼이 나오자 사람들은 요시다의 아이디어에 크게 감탄했어요. 외국에서는 커터칼을 소개하며 '칼의 혁명'이라는 제목의 기사가 실리기도 했지요.

요시다는 곧 '올파(OLFA)'라는 이름의 회사를 세우고 커터칼을 생산하기 시작했어요. 사업은 큰 성공을 거두었지요. 칼날의 길이와 너비, 각도 등은 요시다가 만든 그대로 전 세계적인 기준이 되었어요.

초콜릿 칸과 깨진 유리 조각을 보고 우연히 힌트를 얻어 탄생한 커터칼은 전 세계적으로 유명한 히트 상품이랍니다.

포장용 주머니까지 담가 버릴 줄이야!

티백

녹차나 홍차 등을 간편하게 마실 때 사람들은 티백을 이용해요. 컵에 뜨거운 물을 넣고 그 안에 티백을 담그면 차가 우러나서 쉽고 간편하게 차를 즐길 수 있지요.

티백을 발명한 사람은 미국 뉴욕에서 차를 팔던 토머스 설리번이라는 사람이에요.

1908년, 설리번은 자신이 판매하는 차를 홍보하기 위해서 고객들에게 시음용 차 샘플을 만들어서 보냈어요. 그런데 홍보용으로 차를 보내는 것 치고는 꽤 많은 비용이 들었어요.

'비용을 줄일 수 있는 무슨 좋은 방법이 없을까?'

이런저런 방법을 고민하던 설리번에게 좋은 아이디어가 떠올랐어요.

'그래! 작은 주머니를 만들어서 한 번 마실 양의 차만 넣어 보내자.'

설리번은 비단 주머니를 여러 개 만들어서 그 안에 차를 넣었어요. 이전보다 차를 훨씬 적게 넣고도 그럴싸한 모양새가 났지요. 덕분에 비용도 많이 아낄 수 있었어요.

그 후로 며칠이 지난 뒤였어요. 그의 고객들이 이상한 주문을 해 왔지요.

"혹시 비단 주머니를 좀 더 주실 수는 없나요?"

"차 주머니도 따로 팔면 좋을 텐데……."

처음에 설리번은 고객들이 왜 비단 주머니를 찾는지 이해할 수 없었어요. 하지만 곧 그 이유를 알게 되었지요. 홍보용으로 샘플 차를 받은 그의 고객들이 비단 주머니째 물에 넣어서 차를 우려냈던 거예요.

'이런! 그건 그냥 포장용 주머니였는데! 통째로 물에 담가 버릴 줄이야!'

고객들은 찻주머니를 통째로 넣어서 차를 우려내면 귀찮게 차를 덜어 넣지 않아도 되고 차를 다 마신 후에 찻주전자를 씻을 필요가 없다며 좋아했지요.

처음 티백은 비단 주머니였는데 점차 거즈나 면 따위를 사용하게 되었어요. 그러다 1950년 종이 재질의 티백이 등장했는데 폭발적인 인기를 끌었고 차의 소비를 증가시켰지요.

이렇게 우연히 발명된 티백은 간편히 차를 즐기고 싶어 하는 사람들에게 없어서는 안 될 중요한 생필품이 되었답니다.

버려진 천막 천이 패션 아이콘으로
청바지

청바지를 만든 리바이 스트라우스는 1829년 독일의 유대인 가정에서 태어났어요. 그리고 열여덟 살이 되던 해 가족들과 함께 미국으로 이주했지요. 그 즈음에 미국 캘리포니아 지방에서 금광이 발견되면서 많은 사람들이 금을 캐기 위해 그곳으로 몰려들었어요. 스트라우스도 그에 질세라 그곳으로 향했지요.

스트라우스는 천막 천을 파는 가게를 열었어요. 스트라우스의 가게는 장사가 제법 잘되었어요. 집도 없이 몰려든 많은 사람들이 천막을 치고 생활했거든요.

그러던 어느 날 그의 가게로 한 손님이 찾아왔어요.

"이 집에서 파는 천이 튼튼하다던데, 대형 천막 10만 개 분량의 천을 주문하고 싶습니다."

천을 주문한 사람은 군대에서 필요한 물품을 대는 사람이었어요.

"좋습니다. 약속한 날짜까지 천을 준비해 드리지요."

드디어 주문한 분량의 천이 염색을 마치고 완성되었어요. 3개월이라는 긴 시간이 걸렸지요. 그런데 군대의 사정으로 납품을 할 수 없게 되었어요.

"아! 이를 어쩐담……."

스트라우스는 크게 당황했어요. 하지만 별다른 방법이 없었지요. 어마어마한 양의 천을 창고에 쌓아 두는 수밖에 없었어요. 그런데 얼마 뒤, 그의 눈에 흥미로운 광경이 들어왔어요. 바로 수많은 광부들이 해진 바지를 꿰매고 있는 모습이었어요.

'바로 저거야! 질긴 천막 천으로 튼튼한 바지를 만들어 보자!'

스트라우스는 창고에 쌓아 둔 천막 천으로 바지를 만들어서 팔았어요. 바지는 어찌나 질긴지 광부들 사이에서 인기가 좋았지요.

이후 스트라우스는 바지 옷감을 천막 천이 아니라 데님으로 바꾸고, 색깔을 파란색으로 염색했어요. 이 바지가 바로 청바지예요.

전 세계 많은 사람들이 즐겨 입는 청바지는 이렇게 우연히 발명되었어요. 처음에는 광부들이 입었지만 점점 일반 사람들이 입게 되었고, 1950년대에 이르러 할리우드 배우들이 즐겨 입으면서 미국을 넘어 전 세계로 유행처럼 번져 나갔지요.

유리 막대에서 우연히 탄생한
나일론

월리스 캐러더스는 미국 하버드 대학교에서 유기 화학을 연구하며 학생들을 가르치는 강사였어요. 어느 날, 같은 대학에 근무하는 제임스 비코넌드 박사가 캐러더스를 불러 말했어요.

"캐러더스, 자네 듀폰 회사의 연구소에 들어갈 생각 없나?"

"듀폰 회사라면 화학 제품을 개발하는 회사 아닌가요? 제가 거기에서 무엇을 할 수 있나요?"

"그 회사에서 연구소를 꾸린다고 하네. 그저 회사의 이익을 위한 제품만 개발하는 게 아니라, 순수한 목적의 연구도 허용한다고 하니 한번 생각해 보게."

고민 끝에 캐러더스는 듀폰 회사의 연구실로 자리를 옮겼어요. 그곳에서 연구팀을 꾸려 새로운 합성 섬유를 만드는 연구를 시작했지요. 값싸고 질 좋은 합성 섬유에 대한 요구가 거셌기 때문이었어요.

캐러더스의 연구팀은 오랜 연구 끝에 석탄의 부산물인 벤젠에서 새로운 물질을 얻는 데 성공했어요. 그런데 그 화합물은 덩어리로 뭉쳐 있을 뿐, 실처럼 가늘게 만들어지지는 않았지요.

"휴! 안 되겠어. 이 물질을 섬유로 만드는 건 불가능해."

캐러더스는 새롭게 발명한 물질을 실험실 구석에 처박아 두었어요. 그러던 어느 날, 같은 연구원이었던 줄리언 힐은 실수로 그 물질이 담긴 비커 안에 유리 막대를 떨어트렸어요. 깜짝 놀라 건져 올린 유리 막대에는 하얀 실이 감겨 있었지요.

"모두들 이것 좀 봐!"

"와! 실이잖아? 성공이야! 우리가 새로운 실을 뽑아냈어!"

이렇게 탄생한 실이 바로 나일론이랍니다.

나일론은 실크처럼 부드럽고 광택이 나면서도 질긴, 획기적인 섬유였어요. 그럼에도 가격은 실크보다 훨씬 저렴했지요. 1939년, 나일론을 소재로 한 스타킹이 나왔을 때 소비자들의 반응은 대단했어요. 이전의 스타킹들은 두껍고 불투명한 직물로 만들어져서 볼품이 없었다면, 나일론 스타킹은 각선미를 살려 줄 뿐만 아니라 착용감까지 좋았지요.

이후 나일론은 스타킹뿐만 아니라 낚싯줄, 그물, 수술용 실, 밧줄, 낙하산, 모기장 등 다양한 곳에 쓰이게 되었답니다.

놀고 있는 아이들에게서 얻은 아이디어
청진기

청진기를 발명한 르네 라에네크는 1781년에 프랑스에서 태어났어요. 열네 살 때 의사였던 숙부의 집에서 지내면서 의학의 기초를 다졌지요. 청년이 되고 나서는 의학교에 들어가 본격적으로 의학을 공부했고, 마침내 정식 의사가 되었어요.

그러던 어느 날이었어요. 35살의 라에네크는 산책을 하다가 아이들이 놀고 있는 모습을 유심히 보았어요.

"아아아아아-아- 들려?"

"하하하하! 잘 들려!"

아이들은 기다란 나무 막대를 상대방의 귀에 대고 소리를 내며 놀고 있었어요. 막대를 통해 소리가 전달되는 현상을 재미있어했지요.

'음, 저걸 응용해서 환자를 살피는 데 쓸 수는 없을까?'

라에네크는 그 간단한 도구가 환자의 심장 소리를 듣는 데 도움이 될 거라고 생각했어요. 특히 여성 환자의 가슴에 귀를 갖다 대는 것이 불편했는데 도구를 사용하면 훨씬 편할 것 같았지요.

그 후 라에네크는 종이를 둘둘 말아서 만든 통을 이용해서 환자의 몸속에서 나는 소리를 들었어요. 직접 귀를 대서 듣는 것보다 심장 소리가 훨씬 잘 들렸고 편했지요.

3년 후인 1819년에는 이런 경험을 토대로 역사상 최초로 청진기를 발명해 냈어요. 길이 22센티미터, 직경 2.5센티미터의 속이 빈 나무통을 이용해서 만들었지요. 그는 청진기로 심장 소리뿐만 아니라 폐에서 나는 소리도 들을 수 있다는 것을 알게 되었어요. 또 병든 사람과 건강한 사람의 몸에서 나는 소리가 어떻게 다른지에 대해서도 연구했지요.

그 후, 청진기에 대한 관심이 높아지면서 1851년 아서 레아레드가 두 귀를 통해 듣는 쌍귀형 청진기를 발명했답니다.

청진기는 의사가 환자를 진찰하는 데 있어 가장 기본적인 의료 도구예요.

의사들은 청진기로 심장 박동 소리, 호흡 소리, 장에서 나는 소리, 혈관에서 나는 소리 등 여러 소리를 파악해 진단을 하지요.

최근에는 고성능 전자 청진기까지 개발되어 몸속의 소리를 보다 정확하고 크게 들을 수 있게 되었어요.

우연히 발견한 신비로운 빛
엑스선

1895년 11월 8일의 늦은 밤, 독일의 물리학자 빌헬름 뢴트겐은 크룩스관이라고 불리는 유리 실린더 내의 음극선을 연구하고 있었어요. 바깥은 어둠이 내린 지 오래였고 뢴트겐의 연구실도 어두컴컴했지요.

그런데 두꺼운 검정색 종이로 덮은 유리 실린더에 전류를 통하게 하자, 의자 위에 둔 작은 스크린에 녹색 빛이 맺혔어요. 전혀 예상하지 못한 현상이었지요.

'어? 이상하다. 도대체 저 불빛이 뭐지?'

잠자코 스크린을 지켜보던 뢴트겐은 유리 실린더에서 보이지 않는 광선이 나와서, 종이를 뚫고 스크린에 불빛을 만들어 냈다는 것을 알게 되었어요.

뢴트겐은 신기하고 놀라운 발견에 가슴이 두근거렸어요. 그는 이 신기한 불빛의 정체를 밝히기 위해 연구에 몰두했지요. 그러다 그 불빛이 검정색 종이 외에도 나뭇조각, 천 등의 물체도 통과한다는 사실을 알게 되었어요. 하지만 쇠붙이나 뼈 등 밀도가 높은 물질은 통과하지 못했지요.

"오! 어떻게 이런 일이!"

뢴트겐은 이 광선을 엑스선(x-ray, 흔히 '엑스레'이라고 부름.)이라고 이름 붙였어요.

며칠 후, 뢴트겐은 아내를 불렀어요.

"자, 지금부터 내가 아주 신기한 것을 보여 주겠소."

뢴트겐은 아내의 왼손을 가져다가 엑스선을 쏘았어요. 그러자 왼손의 뼈 하나하나와 결혼반지까지 선명하게 보였지요.

"으악! 저, 저게 대체 뭐죠?"

"당신의 왼손 뼈요."

뢴트겐이 엑스선을 발표하자 세상은 놀라움과 호기심에 웅성거렸어요. 뢴트겐은 엑스선을 발견한 공로로 1901년에 노벨 물리학상을 수상했어요.

우연히 발견된 엑스선은 의학계에 커다란 발전을 가지고 왔어요. 엑스선으로 촬영하면 부러진 뼈, 몸에 박힌 이물질 등을 쉽게 찾아 낼 수 있었지요. 엑스선은 발견된 지 두 달 만에 외과 수술에 이용되었으며, 지금까지도 각종 진단 치료 기기들에 이용되고 있답니다.

어? 막대 사탕이 왜 이렇게 녹았지?
전자레인지

1894년 미국의 메인 주에서 태어난 퍼시 스펜서는 어려서부터 기계에 관심이 많았어요. 스펜서는 가난하고 어려운 환경 속에서도 열심히 일하고 공부한 덕분에 25살에 레이시온이라는 회사에 들어갔어요. 레이시온은 전쟁에 쓰이는 여러 장비를 만드는 회사로 스펜서는 그곳에서 전자 공학 관련 일을 했어요.

어느 날, 실험실을 둘러보던 스펜서는 이상한 현상을 발견했어요.

"어? 막대 사탕이 왜 이렇게 녹았지?"

바지 주머니에 넣어 둔 막대 사탕이 끈적끈적하게 녹아 있었지요. 막대 사탕은 스펜서가 실험실에 들어오기 전에는 분명 말짱했었어요.

'실험실 밖에서 괜찮았던 걸 보면 내 체온 때문은 아닌 것 같고, 그렇다고 실험실 안이 더운 것도 아닌데…….'

스펜서는 찬찬히 실험실을 둘러보았어요. 그러다 시선이 한곳에 머물렀지요. 거기에는 레이더의 전자파 쏘는 기계가 있었어요.

다음 날, 스펜서는 옥수수 알갱이에 전자파를 쏘았어요. 잠시 후 펑펑 소리를 내며 옥수수 알갱이들이 팝콘으로 변했지요.

그 후로 스펜서는 여러 가지 음식 재료들을 가지고 실험을 했어요. 달걀은 전자파를 쬐면 얼마 지나지 않아 펑! 하고 폭발했지요. 실험을 거듭한 끝에 스펜서는 특정 전자파가 음식을 빠른 시간 안에 조리해 준다는 사실을 알게 되었어요.

"제가 곧 레이더로 음식을 조리하는 기구를 만들어 낼 겁니다."

회사의 경영진들은 처음에는 스펜서의 말을 믿지 않았지만, 1953년에 스펜서가 '레이더 레인지'를 발명해 내자 크게 놀라워했지요. 레이더 레인지는 2년 뒤 주방에서 사용하기 좋게 작은 크기의 전자레인지로 탈바꿈했어요.

전자레인지는 물 분자를 흔들어 열을 발생시키는 마이크로파의 성질을 이용해서 음식을 조리해요. 전자레인지를 켜면 마이크로파가 음식물의 물 분자에 흡수되지요. 이 물 분자가 마이크로파의 에너지를 흡수해서 회전 운동을 하면 온도가 올라가면서 음식이 조리된답니다.

우연한 사건을 무심코 넘겨 버리지 않은 스펜서의 호기심 덕분에 우리는 불 없이도 음식을 조리하는 마법의 기계를 만날 수 있게 되었지요.

라디오를 고치려다 우연히 탄생한
십자나사못

필립은 가전제품 수리공이에요. 아버지가 돌아가시고 집안 형편이 어려워지자 필립은 중학교를 중퇴하고 열심히 일을 했지요.

필립이 가장 많이 수리하는 가전제품은 라디오였어요. 이런저런 이유로 말썽을 일으킨 라디오를 말끔히 고치고 나면 필립의 입에서도 콧노래가 절로 흘러나왔지요.

그런데 필립에게는 한 가지 골칫거리가 있었어요.

"뭐야? 또 망가져 버렸잖아."

필립이 부서진 나사못을 보며 한숨을 쉬었어요.

사실 이런 일은 하루에도 몇 번씩 일어났어요. 고장 난 라디오를 여러 번 수리하다 보니 일자(-) 모양의 나사못 홈이 닳아서 부서져 버리기 일쑤였지요.

"어휴! 안 되겠다. 세로로 홈을 한번 내 볼까?"

필립은 일자나사못에 세로로 홈을 하나 더 그어서 십자(+) 모양의 나사못을 만들었어요. 이제 마음 놓고 수리를 할 수 있게 되었어요. 새로운 홈에 드라이버를 맞추고 돌리면 되니까요.

"휴, 이제 살 것 같군. 빨리 수리를 끝내야겠어."

라디오를 고치던 필립의 머릿속에 갑자기 좋은 생각이 스쳐 지나갔어요.

"가만……. 차라리 십자드라이버를 만들어서 써 보면 어떨까?"

필립은 십자드라이버를 만들어 십자나사못을 돌려 보았어요. 그런데 정말 신기했어요. 일자나사못을 돌릴 때보다 힘이 덜 들었고 드라이버가 헛도는 일도 줄어들었어요. 또 나사가 쉽게 망가지지도 않았지요.

"어거 정말 쓸 만한걸!"

얼마 후, 필립은 세계 각국에 십자나사못에 대한 특허를 냈어요.

십자나사못은 인기가 대단했어요. 수많은 가전제품을 비롯해 다양한 기계와 기구에 사용되었지요. 전자 제품을 만들거나 고치는 일을 하는 사람들에게는 혁명과도 같은 일이었어요.

우주선인가?

그게 아니라 터널 뚫는 기계야.

4장
자연에서 보고 배운 발명품들

가시철조망   고속 열차
도로표지병   보트 슈즈
터널 굴착기   벨크로
헬리콥터   전신 수영복
레이더

장미 덩굴에서 탄생한
가시철조망

 미국 뉴욕에 살던 열세 살 조셉은 집안이 가난해서 초등학교를 졸업하자마자 돈을 벌어야 했어요. 조셉은 목장에서 양을 돌보는 일을 했지요. 양을 돌보는 일은 그리 어렵지 않았어요. 양을 풀어 놓고 풀을 뜯는 동안 책을 볼 수 있어서 좋았지요. 한 가지 문제만 빼고요.
 "조셉! 저놈의 양을 얼른 끌고 가지 못하겠니? 저러다 내 농작물을 다 먹어 치우겠어!"
 조셉이 돌보는 양들이 어느새 울타리를 넘어 이웃집 농작물을 뜯어 먹고 있었지요. 벌써 며칠째 하루가 멀다 하고 벌어지는 일이었어요. 조셉은 얼른 뛰어가서 양들을 울타리 안으로 몰았어요.

"제발 울타리 밖으로 넘어가지 마! 내가 몇 번을 말해야 알아듣겠니?"

조셉이 양들을 다그쳤지만 양들이 조셉의 말을 들을 리는 없었어요.

어느 날, 조셉은 또다시 울타리를 넘어가려는 양들을 보게 되었어요. 그런데 가만히 관찰해 보니 양들이 넘어가는 울타리는 정해져 있었어요. 양들은 말뚝에 나무 널빤지를 세워 만든 울타리는 쉽게 넘었어요. 하지만 장미 덩굴이 쳐진 울타리 쪽으로는 단 한 마리도 가까이 가지 않았지요.

"아하! 장미 줄기에 난 가시 때문이로구나!"

다음 날 저녁, 집으로 돌아간 조셉은 아버지와 함께 철사 두 가닥을 엮고 중간중간에 철사 가시를 꽂았어요. 이렇게 하니 마치 가시가 돋아 있는 장미 덩굴 같았지요. 그러고는 이것을 울타리에 둘렀어요. 그러자 그 후로 양들은 단 한 마리도 울타리를 넘어가시 못했어요.

장미 덩굴에서 힌트를 얻어 탄생한 가시철조망은 사람들의 입소문을 타며 점점 인기를 얻었어요. 조셉은 자신의 발명품으로 미국은 물론 세계 각국에서 특허권을 딸 수 있었지요. 그 후로 조셉의 가시철조망은 목장 울타리는 물론 공장과 국경 지대 등에 널리 쓰이게 되었고, 그 결과 조셉은 엄청난 돈을 벌게 되었어요.

고양이 눈처럼 밤에도 반짝이는
도로표지병

1933년의 어느 날, 깜깜한 어둠이 내려앉은 도로 위를 자동차 한 대가 지나가고 있었어요.

"으아아아~ 너무 캄캄해서 앞이 하나도 보이지 않아."

집으로 차를 몰던 퍼시 쇼는 두려움에 벌벌 떨었어요. 그곳은 아주 좁고 가파른 도로로 한쪽에는 낭떠러지가 있어 무척 위험했거든요. 눈을 부릅뜨고 운전대에 바짝 붙어서 조심스럽게 차를 몰던 쇼의 눈에 순간 두 개의 작은 불빛이 보였어요. 쇼는 깜짝 놀라 차를 멈추었지요.

"끼이이익!"

그 불빛은 다름 아닌 고양이의 눈이었어요.

"휴! 고양이었잖아. 그런데 고양이 눈이 원래 저렇게 빛나나?"

그날 밤, 쇼가 고양이와 마주친 일은 훗날 그의 인생을 바꾸게 되어요.

쇼는 늦은 밤에 차를 몰 때면 늘 도로를 밝혀 줄 불빛이 필요하다고 생각했어요. 그러던 어느 날, 얼마 전에 마주쳤던 고양이의 눈빛이 떠올랐고, 고양이에 대한 책을 찾아보기 시작했어요.

'아하! 고양이의 눈은 빛을 반사하는구나. 그날 고양이 눈에서 빛이 났던 건 내 자동차의 헤드라이트 빛 때문이었어!'

쇼는 고양이 눈처럼 빛을 반사하는 장치를 만들어서 도로 가장자리를 따라 설치해 놓으면 밤길 운전이 수월해질 거라고 생각했어요. 그래서 이 장치를 직접 만들어 보기로 결심했지요. 먼저 유리 렌즈를 고무 패드 안에 집어넣고 그것을 철통에 담아 도로 위에 일렬로 박아 놓았어요.

"됐어! 성공이야!"

쇼의 발명품은 자동차 헤드라이트의 불빛을 반사시켜 운전자에게 길을 알려 주었어요.

쇼가 발명한 것은 '도로표지병'이에요. 도로표지병이란 운전자가 밤에 안전하게 운전할 수 있도록 빛을 밝혀 주는 장치로, 도로에 일렬로 설치하지요.

이후 많은 사람들에 의해 더 눈에 잘 띄고 효율적인 도로표지병이 개발되었어요. 오늘날에는 태양열을 이용해 빛을 내는 도로표지병도 쓰이고 있답니다.

▲ 도로표지병

배좀벌레조개에게서 배운 굴착 비법
터널 굴착기

지하철을 타고 땅속을 지나갈 때 혹시 이런 생각을 해 본 적은 없나요? '땅속에 이렇게 긴 터널을 어떻게 뚫었을까?'

그 답은 마크 브루넬이 발명한 터널 굴착기에서 찾아볼 수 있어요. 전 세계의 모든 수중 터널, 지하철이 지나는 터널은 터널 굴착기로 뚫었지요.

브루넬은 1769년에 영국에서 태어난 기술자이자 발명가예요. 그는 이십 대 초반에 잠시 뉴욕에서 기술자로 일하다가 1799년에 다시 영국으로 돌아와 건축 기술자로 일했지요. 그런데 그에겐 한 가지 고민이 있었어요.

'어떻게 하면 수중 터널을 뚫을 수 있을까?'

당시만 해도 강 밑으로 터널을 뚫는 것은 상상도 하기 힘든 일이었어요. 강바닥 아래의 무른 땅은 자칫하면 무너질 위험이 컸지요.

어느 날, 브루넬이 조선소 안을 거닐고 있었어요. 그때 나무판자 하나가 브루넬의 눈에 들어왔어요. 판자에는 작은 구멍이 여러 개 나 있었어요.

'가만……. 이게 배좀벌레조개가 갉아 먹어서 생긴 구멍이구나!'

브루넬은 언젠가 배 수리공에게 들었던 이야기가 떠올랐어요.

"배좀벌레조개가 아주 골칫거리예요. 요놈들이 단단한 나무속을 갉아 먹으면서 굴을 파고 다니는 바람에 배에 물이 새는 일이 종종 있어요."

브루넬은 머릿속이 환해지는 기분이 들었어요.

'그래! 배좀벌레조개를 연구해 보면 무언가 새로운 기술이 나올지도 몰라.'

배좀벌레조개는 두 장의 껍데기로 몸을 보호하고 있어요. 껍데기 가장자리는 톱니 모양으로 되어 있는데, 껍데기 부분을 180도 회전시키시 나무속을 갉아 내요. 그러고는 갉아 낸 것을 먹어 영양분을 흡수한 뒤, 배설물을 자기가 낸 구멍 안쪽에 발라 무너지지 않게 하지요.

브루넬은 열심히 연구한 끝에 1818년, 배좀벌레조개에게서 배운 굴착 비법을 그대로 적용해서 터널 굴착기를 발명해 냈어요.

브루넬이 고안한 터널 굴착기는 곧 세계 최초의 하저 터널인 템스 강의 하저 터널 공사에 사용되었어요. 그 공로로 영국 왕실은 브루넬에게 기사 작위를 주었지요.

지금도 터널 굴착기는 세계 곳곳의 지하 터널을 뚫는 데 쓰이고 있답니다.

잠자리처럼 하늘을 나는 비행기
헬리콥터

"잠자리! 잠자리처럼 만들면 될 것 같은데……."

소년 이고리 시코르스키는 하늘을 나는 잠자리를 멍하니 바라보고 있었어요. 나뭇가지에 앉아 있던 잠자리는 곧장 하늘을 날았고 앞뒤로 자유롭게 날아다녔어요. 또 공중 한 지점에 붕 떠 있기도 했지요. 소년의 손에는 소설가 쥘 베른이 쓴 《구름 쾌속선》이라는 책이 들려 있었고, 소설 속 비행기는 그의 가슴을 두근거리게 했어요.

청년이 되어 장교가 된 시코르스키는 1906년에 해군 사관 학교를 그만두고 비행기 발명의 꿈을 이루기 위해 키예프 공과 대학에서 공학과 수학을 공부하기 시작했어요. 그로부터 3년 후, 시코르스키는 드디어 잠자리를 본떠 헬리콥터를 만들었어요. 하지만 두 번의 비행 시도 모두 실패했지요.

이후 여러 비행기 개발에 참여한 그는 1919년에 미국으로 건너가 항공 회사를 세웠어요. 세월이 흐르면서 시코르스키의 비행기 사업은 나날이 번창했고 그가 만든 비행기가 태평양과 대서양을 오갔지요. 하지만 시코르스키는 여기에 만족하지 않았어요.

"다시 한번 헬리콥터를 만들어 보고 싶어. 비행기와 달리 수직으로 이착륙이 가능한 헬리콥터는 사람들에게 분명 큰 도움이 될 거야."

그는 헬리콥터 만들기에 재도전했어요. 이전에는 알려지지 않았던 공기 역학 이론과 최신 기술을 바탕으로 헬리콥터 제작에 온 힘을 쏟았지요.

1939년 9월, 미국 코네티컷 주의 한 공터에서 자신이 만든 헬리콥터를 사람들에게 선보였어요.

"활주로 없이 날아오르는 비행기라니 정말 신기하군!"

"저것 봐. 가만히 공중에 떠서 앞뒤 좌우로 자유롭게 움직여!"

결과는 대성공이었답니다.

잠자리의 비행 모습에서 착안된 헬리콥터는 이륙과 착륙이 자유로우며 방향을 자유자재로 바꿀 수 있다는 장점이 있어요. 그래서 자연 재해나 전쟁 피해 지역에서 인명 구조 수단으로 요긴하게 쓰이며 군대나 방송국 등에서도 널리 이용되지요.

박쥐의 초음파에서 힌트를 얻은
레이더

1934년의 어느 날, 영국의 공군 과학 조사 위원회의 의장이 국립 물리학 연구소의 로버트 왓슨 와트를 찾아와 이렇게 말했어요.

"극비리에 살인 광선을 개발해 주시오!"

당시, 영국은 독일과 전쟁 중이었는데 독일 나치 세력이 점점 커지면서 영국은 큰 위협을 느꼈어요. 게다가 영국이 수집한 첩보에 의하면 독일이 적군의 비행기를 폭파시킬 수 있는 죽음의 광선을 만들고 있다고 했지요. 다급해진 영국은 독일의 공격에 대비해야 했고, 그래서 영국 국립 물리학 연구소에서 무선 연구실장으로 있는 왓슨 와트에게 비밀리에 도움을 요청했던 거예요.

그때부터 왓슨 와트는 엑스선과 자외선, 전파를 모두 혼합한 살인 광선 개발에 힘썼어요. 하지만 쉽지 않은 일이었어요. 결국 살인 광선 개발은 불가능하다는 결론을 내렸지요. 그런데 함께 일하는 젊은 연구원, 아놀드 윌킨스로부터 중요한 힌트를 얻게 되었어요.

"전파가 금속에 부딪혀 반사되는 점을 이용해서 수신기를 개발하면 어떨까요? 그러면 적의 항공기를 탐지할 수 있을 거예요."

"오! 그거 좋은 생각이군."

두 사람은 앞을 보지 못하는 박쥐가 초음파를 쏘아서 주변에 장애물이 있는지 없는지를 알아낸다는 점에 주목했어요. 그 원리를 이용하면 적의 항공기의 위치를 손쉽게 알아낼 수 있을 거라 생각했지요.

1935년 2월, 영국 공군 과학 조사 위원회로부터 수신기 개발에 대한 허락을 받은 두 사람은 먼저 자신들의 생각이 맞는지 확인했어요. 방송탑에서 전파를 쏘자 비행기에 부딪혀 반사된 전파가 전선 안테나로 보내졌고 모니터에 신호가 잡혔지요.

레이더는 이렇게 박쥐의 초음파에서 힌트를 얻어 발명되었어요. 이후 왓슨 와트는 전파를 더 강하게 발사하고 반사된 전파를 더 정확하게 잡아내는 수신기를 개발했어요. 그 결과 제2차 세계 대전에서 독일군의 비행기 위치를 정확히 알아냈고, 전쟁을 승리로 이끄는 데 큰 도움이 되었지요.

레이더는 이후 계속해서 발달되었어요. 캄캄한 밤하늘이나 밤바다에서 비행기나 선박이 장애물을 피할 수 있도록 도움을 주고, 기상 관측, 속도 위반 차량 감시 등을 돕는 레이더도 개발되었답니다.

물총새 부리에서 힌트를 얻은
고속 열차

총알처럼 빠른 고속 열차가 세계 최초로 등장한 것은 1964년 도쿄 올림픽 때였어요. 바로 일본의 신칸센이었지요.

신칸센은 1959년에 공사를 시작해서 5년 후 올림픽 때에 맞춰 첫 운행을 시작했는데, 당시 도쿄와 오사카 구간을 시속 270킬로미터로 달려서 전 세계 사람들을 깜짝 놀라게 했어요. 그 당시 보통 열차보다 두세 배는 빨랐지요.

그런데 사람들은 신칸센의 모습을 보며 궁금증을 가졌어요.

"어! 열차 앞부분이 왜 저렇게 뾰족하지?"

처음 고속 열차를 개발할 당시에 열차 앞부분은 일반 열차와 거의 비슷했어요. 그런데 커다란 문제가 하나 있었지요.

"으아악! 귀가 깨질 것 같아."

고속 열차가 터널을 지날 때마다 엄청난 굉음이 울려 퍼진 거예요. 기압의 변화 때문에 생기는 현상이었죠.

문제를 해결하기 위해 기술자들은 연구에 연구를 거듭했어요. 터널을 넓힐 수는 없으니 기관차의 앞머리를 작고 날렵하게 만들어 보았지요. 하지만 소음은 여전했어요.

'어떻게 하면 소음을 줄일 수 있을까?'

기술자들은 깊은 고민에 빠졌어요. 그러던 어느 날, 한 연구원이 자연 속에서 해답을 찾아냈어요. 바로 물총새가 먹이를 낚기 위해 물속으로 다이빙하는 모습에서 아이디어를 얻은 거예요.

"고속열차가 터널 속으로 빠르게 돌진하는 것은 물총새가 물속으로 빠르게 들어가는 것과 비슷합니다. 물총새가 공기 중에서 물속으로 들어갈 때 엄청난 압력의 변화가 생기지만 물총새는 물을 거의 튀기지 않고 먹잇감을 잡지요."

얼마 후 물총새 부리와 아주 비슷하게 생긴 열차 앞머리가 완성되었어요. 그 결과 속도는 훨씬 빨라졌고 소음은 대폭 줄어들었지요.

자연에서 소중한 해결책을 찾아낸 뒤로 고속 열차는 계속해서 발전했어요. 여러 선진국에서도 앞다투어 고속 열차를 개발했지요. 우리나라는 2004년에 처음으로 케이티엑스(KTX)가 개통되었어요. 고속 열차가 있기에 우리는 비행기를 타지 않아도 먼 거리를 빠르게 이동할 수 있지요.

강아지 발바닥의 비밀
보트 슈즈

미국의 폴 스페리는 보트 타는 것을 무척 좋아했어요. 그런데 취미 생활이 마냥 즐겁지는 않았어요.

"어이쿠! 엉덩이야. 또 미끄러졌네."

바닷물에 젖은 보트 바닥이 어찌나 미끌미끌한지 미끄러지기 일쑤였지요.

그러던 어느 겨울날, 스페리는 집에서 키우는 강아지와 산책을 나갔어요. 추운 날씨 때문에 꽁꽁 얼어 버린 길은 정말 미끄러웠지요. 스페리는 넘어질까 봐 아주 조심조심 걸었어요. 그런데 강아지는 눈길을 아무리 뛰어다녀도 넘어지지 않았어요.

"네 녀석, 발바닥이 어떻게 생긴 거야? 어디 좀 보자."

집으로 돌아온 스페리는 강아지 발바닥을 돋보기로 살펴보았어요.

"발바닥에 물결 모양의 홈이 촘촘히 나 있네!"

스페리의 머릿속에 한 가지 아이디어가 번쩍 떠올랐어요.

"그래! 신발 바닥을 강아지 발바닥처럼 만들면 되겠다!"

스페리는 신발 바닥 모양으로 고무판을 자르고 그 위에 물결 모양 홈을 냈어요. 그 고무판을 신발 바닥에 붙이고 신어 보았지요. 그랬더니 미끄러운 게 훨씬 덜했어요. 이번에는 조금 더 푹신한 고무에 홈을 낸 뒤 신발에 붙여 신어 보았어요. 그랬더니 전혀 미끄럽지 않았지요.

스페리는 보트로 사람들을 초대한 뒤 자신이 만든 신발을 신고 보트 위에서 춤을 추었어요. 바닥이 바닷물로 흠뻑 젖어 있었지만 스페리는 넘어지지 않았어요. 사람들은 스페리의 신발을 보고 다들 놀라워했지요.

"신발 바닥에 난 홈 때문에 미끄러지지 않는 거군요."

"대단해! 좋은 아이디어야!"

스페리의 보트 슈즈는 큰 인기를 끌었답니다.

스페리의 발명은 특허를 받았고 스페리는 회사를 차려 신발을 대량 생산하기 시작했어요. 스페리의 보트 슈즈는 보트를 타는 사람들에게는 꼭 필요한 신발이 되었고, 곧이어 미국 해군에서도 신발을 구입해 군인들에게 나눠 주었지요.

강아지 발바닥을 보고 얻은 간단한 아이디어는 오늘날 거의 대부분의 신발에 쓰이게 되었답니다.

우엉 열매를 보고 만든
벨크로

　1948년 어느 여름날, 스위스의 게오르그 드 메스트랄은 개와 함께 산책을 나갔어요. 산책을 마치고 집으로 돌아온 메스트랄은 깜짝 놀랐어요. 바지와 개의 털에 무언가 잔뜩 붙어 있었거든요.

　"이게 뭐지? 잘 안 떨어지네."

　바지와 털에 붙어 있던 것들은 바로 우엉 열매였어요. 열매가 어찌나 단단하게 붙어 있던지 손으로 툭툭 털어서는 잘 떨어지지도 않았지요. 할 수 없이 쪼그려 앉아 하나하나 손으로 떼어 내기 시작했어요. 그러다가 한 가지

궁금한 점이 생겼어요.

'왜 우엉 열매는 털이나 옷에 잘 달라붙는 걸까? 왜 잘 떨어지지도 않는 거지?'

메스트랄은 현미경으로 우엉 열매를 관찰해 보았어요. 크게 확대해 보니 우엉 열매에 촘촘히 난 가시 끝이 갈고리 모양으로 되어 있었지요. 이 갈고리들이 옷이나 털에 걸려서 잘 떨어지지 않았던 거예요. 순간 메스트랄의 머릿속에는 바쁜 아침 옷에 붙어 있는 여러 개의 단추를 채우느라 애를 먹는 아내의 모습이 떠올랐어요.

'그래, 우엉 열매의 접착 원리를 이용하면 단추보다 편리한 장치를 만들 수 있을지도 몰라.'

메스트랄은 우엉 열매를 더 자세히 관찰하기 시작했어요. 갈고리가 많을수록 접착력이 강해진다는 사실도 알게 되었고, 접착면은 갈고리가 잘 걸리노록 작은 원형의 고리들로 이루어져 있어아 두 개가 붙있을 때 질 떨어지지 않는다는 사실도 알게 되었지요. 이후 메스트랄은 직물 전문가와 함께 머리를 맞대어 연구한 끝에 '벨크로'를 탄생시켰답니다.

벨크로는 천 같은 것을 한쪽은 까끌까끌하게 만들고 다른 한쪽은 보송보송하게 만들어 이 두 부분을 붙여 떨어지지 않게 하는 여밈 장치를 말해요. 보통 '찍찍이'라고 부르지요.

두 면을 맞붙이면 단단하게 고정되고 쉽게 떼어 낼 수도 있어 단추나 지퍼 대신 널리 쓰여요. 옷, 가방, 신발, 지갑 등 일상용품은 물론 군복, 우주선 내부에 이르기까지 광범위한 곳에 사용되지요.

상어처럼 빠르게 헤엄칠 수 있는
전신 수영복

전신 수영복은 목부터 발목까지 온몸을 감싸는 형태, 또는 무릎 밑까지 내려오거나 팔의 일부분을 가리는 형태의 수영복을 말해요.

전신 수영복은 1998년에 처음 등장했어요. 다음 해에 열린 세계 선수권 대회에서 호주의 수영 선수 마이클 클림이 전신 수영복을 입고 출전했는데, 사람들의 눈에는 거추장스럽게 보였지요. 그때까지만 해도 사람들은 몸의 저항을 줄이기 위해서는 최대한 작은 수영복을 입어야 한다고 생각했기 때문이에요.

하지만 그런 생각은 얼마 가지 않아 뒤집어졌어요. 2000년에 열린 올림픽에서 전신 수영복을 입은 선수들이 놀라운 성적을 보였기 때문이에요.

"저게 뭐지? 저 수영복을 입으면 더 빨라지나?"

"수영복 이름이 패스트 스킨이라던데, 물살을 가르는 모습이 꼭 상어 같지 않아요?"

맞아요. 패스트 스킨은 상어에서 힌트를 얻어 만든 전신 수영복이에요. 상어의 방패 비늘에는 리블렛이라고 불리는 아주 작은 돌기들이 있어요. 물속에서 수영을 하면 소용돌이가 일어나는데, 이 돌기들이 소용돌이와 몸의 마찰을 최소한으로 줄여 주지요.

수영복을 만드는 스피도의 개발 기술자들은 이 원리를 전신 수영복에 그대로 적용해 보았어요. 상어의 리블렛과 같은 작은 돌기들을 수영복에 장착한 것이지요. 결과는 아주 만족스러웠어요.

2008년 2월, 스피도는 '레이저 레이서'라는 이름의 좀 더 성능을 향상시킨 전신 수영복을 개발했어요. 그리고 세계 최고의 수영 선수 마이클 펠프스에게 효과 검증 실험을 부탁했어요. 레이저 레이서를 처음으로 입고 수영을 하고 나온 뒤, 펠프스는 이렇게 말했지요.

"놀랍군요! 내 몸이 마치 로켓이 되어서 물을 가르고 있는 것 같았어요."

이후 2008년에 열린 베이징 올림픽에 참가한 수영 선수들은 너 나 할 것 없이 전신 수영복을 입었답니다.

상어의 방패 비늘에서 발견한 놀라운 비밀이 수영 선수들을 더 빠르게 헤엄치도록 도와 주었어요. 그 덕분에 수많은 신기록들이 쏟아져 나왔지요.

5장
착한 발명품일까, 나쁜 발명품일까?

수세식 변기   인조 잔디
플라스틱   항생제
다이너마이트 디디티
로켓   유전자 재조합 식품
에어컨   핵에너지

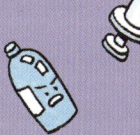

화장실은 깨끗해졌지만 물을 오염시키는
수세식 변기

 수세식 변기가 발명되기 전, 유럽의 거리는 분뇨로 넘쳐 났어요. 사람들은 마을 한 귀퉁이에 마련된 공중변소나 집 안의 으슥한 곳에서 오줌과 똥을 누고 거리 아무 데나 갖다 버렸어요. 귀족들은 요강을 사용했지만 요강이 다 차면 분뇨를 아무 데나 갖다 버리는 건 마찬가지였어요. 그래서 유럽의 거리는 어딜 가나 분뇨 냄새가 진동을 했어요.
 1500년대, 사람들이 늘어나고 도시가 발달하자 분뇨 처리 문제가 점점 더 심각해졌어요.

"거리가 똥과 오줌으로 가득하군. 냄새 때문에 머리가 아플 지경이야."

영국의 시인이자 발명가인 존 해링턴은 코를 막으며 거리를 걷고 있었어요. 지독한 냄새 때문에 발걸음은 계속 빨라졌지요. 그는 배설물을 깨끗하게 처리할 수 있는 방법을 연구하기로 마음먹었어요.

"물을 이용해서 배설물을 흘려보내는 방법을 쓰면 어떨까?"

해링턴은 새로운 변기를 만드는 작업을 시작했어요. 의자 모양의 변기 위에 물통을 설치해 두어 볼일을 보고 나면 물통에서 물이 흘러나와 배설물을 씻어 낼 수 있게 설계했지요. 최초의 수세식 변기가 탄생한 거예요. 1596년의 일이었지요. 하지만 이 변기는 널리 쓰이지 못했어요. 물 내리는 소리가 시끄러웠고, 물에 씻겨 내려간 배설물이 고스란히 분뇨 통에 담겨 여전히 악취가 났거든요.

그 후, 수세식 변기는 조금씩 발전하다가 1778년, 영국의 조지프 브라마에 의해 크게 발진했어요. 브라마가 민든 변기에는 밸브 장치가 있었고 냄새가 거의 나지 않아 사람들에게 큰 인기를 끌었지요. 1797년까지 약 6,000개를 팔아 치웠다고 해요.

수백 년이 넘는 역사를 가진 수세식 변기는 사람들에게 편리하고 쾌적한 생활을 가져다주었어요. 이전에는 요강을 사용하거나 집 밖에 있는 화장실에서 볼일을 봤기 때문에 무척 불편했지요.

하지만 반대로 수세식 변기가 환경에 있어서는 최악의 발명품으로 꼽히기도 해요. 오물을 흘려보내려면 물을 많이 써야 하고, 흘러내려 간 오물은 정화 과정을 거쳐도 아주 깨끗해지지는 않아요. 또 인간의 오물에 포함된 화학 성분이 그대로 하천이나, 강, 바다로 흘러 수질을 오염시키지요.

싸고 간편하지만 썩지 않는
플라스틱

"큰일이야. 상아 가격이 또 폭등했어."

"코끼리 수가 줄어든 게 요인인 것 같더군요. 이대로라면 당구공 생산에 큰 차질이 생기겠어요."

1860년대, 미국 상류 사회에서는 당구가 유행했어요. 당시 당구공은 코끼리의 상아를 깎아 만들었기 때문에 무척 값비쌌지요. 이에 당구공을 제조하는 회사에서는 상금을 걸고 상아를 대신할 당구공 재료를 찾는다는 공고를 냈어요.

인쇄공이었던 존 하이아트가 여러 가지 실험 끝에 '셀룰로이드'라는 물질을 개발해 당구공을 만들었고 상금의 주인공이 되었어요. 셀룰로이드는 녹나무를 증류해서 얻은 화학 물질에 질산섬유소를 녹여서 만든 물질인데, 열을 가하면 원하는 모양으로 만들 수 있고 식으면 단단해졌어요. 이 물질이 바로 최초의 플라스틱이지요.

셀룰로이드와 달리 천연 물질을 전혀 사용하지 않고 화학 물질로만 만든 플라스틱은 1909년에 미국인 리오 베이클랜드가 발명한 '베이클라이트'예요. 베이클라이트는 열과 압력을 가하면 원하는 크기와 모양으로 만들 수 있었고, 착색이 잘되어서 다양한 색을 입힐 수 있었어요. 또 무척 값이 쌌지요. 이러한 장점들 때문에 각종 전자 제품, 생활용품에 널리 쓰였어요.

그 후 1933년에는 '폴리에틸렌'이라는 플라스틱이 널리 쓰이기 시작했어요. 포장용 비닐봉지, 음료수병, 전선 피복 재료 등 현재에도 광범위하게 쓰이고 있지요.

플라스틱은 지금도 계속해서 진화하고 있어요. 전기가 통하는 플라스틱, 수백 도의 고열에도 견디는 플라스틱, 인공 피부나 장기 재료로 쓸 수 있는 플라스틱이 개발되었지요.

플라스틱은 이제 우리의 삶에서 없어서는 안 될 중요한 물질이 되었어요. 그래서 우스갯소리로 현대를 '플라스틱 시대'라고 부르기도 하지요.

그런데 플라스틱 제품은 큰 단점이 있어요. 땅에 묻어도 썩지 않고 불에 태우면 다이옥신이나 염화수소 같은 우리 몸에 안 좋은 가스가 배출되지요. 게다가 플라스틱 제품에서 나오는 환경 호르몬이라는 화학 물질은 우리 몸에 들어가 호르몬 이상을 일으켜요.

건설 현장에서도 전쟁에서도 널리 쓰이는
다이너마이트

'항만 건설 공사 중 니트로글리세린 폭발! 인부 전원 사망.'

19세기 중반, 신문에서 이런 기사를 접하는 일은 아주 흔했어요. 니트로글리세린은 질산과 황산에 글리세롤을 첨가해서 만든 무색의 액체 폭탄인데, 폭발성이 매우 좋아 19세기 중반까지 여러 산업 현장에서 사용되었어요. 그런데 충격에 얼마나 약한지 툭하면 터져 버리기 일쑤였지요. 그 바람에 수많은 사람들이 목숨을 빼앗겼어요.

'이렇게 위험한 폭탄을 계속 사용해야 할까?'

1862년 니트로글리세린 제조 공장을 세운 알프레드 노벨은, 이 폭탄의 위험성을 낮추기 위한 연구를 시작했어요. 1년 후, 그의 연구는 결실을 맺었어요. 금속 용기에 니트로글리세린을 채운 다음 목재 점화 플러그(불을 붙이는 장치)를 끼워 넣는 방법을 개발해 냈지요. 이 개발 덕분에 노벨은 부와 명성을 동시에 얻었어요.

하지만 새로 개발한 폭탄 역시 여전히 불안정했고, 1년 후 사고를 일으켰어요. 이 사고 때문에 여러 인부들과 막내 동생 에밀이 목숨을 잃었지요.

동생의 죽음으로 힘겨운 나날을 보내던 어느 날, 노벨은 신기한 장면을 보게 되었어요. 그날 또한 평상시와 다름없이 인부들이 니트로글리세린이 든 통을 운반하고 있었어요. 그런데 통에 구멍이 나서 니트로글리세린이 새어 나와 땅에 있던 규조토(규조가 바다 밑이나 호수 밑에 쌓여서 이루어진 흙)에 스며들었지요. 자세히 살펴보니 이전에 쓰던 숯가루나 톱밥 등에 비해 규조토는 니트로글리세린을 두 배 이상 빨아들이고 있었어요.

"그래! 바로 규조토를 사용하는 거야. 이걸로 새로운 폭탄을 만들겠어!"

흡수성이 좋은 규조토를 니트로글리세린과 잘 반죽한 뒤 굳히자 웬만한 충격에는 폭발하지 않는 폭탄이 만들어졌어요. 그리고 이 폭탄을 '다이너마이트'라고 이름 붙였지요.

1866년 다이너마이트가 발명되자 산업 현장에서 아까운 목숨을 잃는 일은 눈에 띄게 줄어들었어요. 하지만 다이너마이트는 공사 현장뿐만 아니라 군대에서도 쓰이게 되었어요. 그리고 수많은 목숨을 한번에 앗아 가는 뛰어난 살상 무기로 돌변했지요. 적의 기지를 폭파하고 광산, 철도, 도로 및 사람들이 사는 도시와 마을을 파괴했어요.

우주를 향한 꿈일까, 인류를 위협하는 무기일까?

로켓

"아, 우주여행을 할 수 있다면……."

소년의 손에는 《우주 전쟁》이라는 소설책이 들려 있었어요. 몸이 약한 소년은 독서와 공상을 좋아했지요. 소년의 이름은 로버트 고더드예요. 훗날 이 소년은 '현대 로켓 공학의 아버지'로 불리게 되지요.

어린 시절부터 우주에 관심이 많았던 고더드는 대학에서 물리학과 공학을 전공했어요. 1916년, 미국 클라크 대학의 물리학 교수가 된 고더드는 로켓 연구에 몰두했어요.

'작용과 반작용의 법칙을 이용하면 어떨까? 로켓 밑에서 뿜어 나오는 가스가 로켓을 앞으로 전진시켜 줄 거야. 그러면 우주 공간이 진공 상태라도 문제없겠지.'

고더드는 모든 운동에는 작용과 반작용이 있다는 '뉴턴의 법칙'을 이용하면 로켓을 날게 할 수 있다고 생각했어요. 하지만 갈 길이 멀었어요. 로켓 제작 기술도 미완성 상태였고, 로켓을 쏘아 올릴 연료도 개발해야 했지요.

십 년이 지난 1926년 3월 16일, 마침내 모든 준비가 끝났어요. 미국 매사추세츠 주에 있는 한 농장 들판에서 로켓 발사 실험을 시도했지요.

"휘이이이이-융-."

로켓은 하늘을 향해 힘차게 날아갔어요. 약 12.5미터를 날아올라 2.5초 동안 56미터를 비행했고 끝내 땅에 처박혔어요. 로켓은 얼음과 눈 속에 처박힌 후에도 계속해서 움직이려고 했지요.

"드디어 우리가 해냈어!"

고더드와 그의 조수들은 무척 기뻐했어요. 로켓이 아주 짧은 순간을 날다가 바닥에 떨어지긴 했지만 역사상 최초로 로켓 발사에 성공했기 때문이에요.

그 후 여러 과학자들이 로켓을 개발하고 발전시켰어요. 그리고 마침내 1957년, 소련이 세계 최초로 로켓을 이용해 인공위성을 우주로 쏘아 올렸지요. 고더드는 이미 세상을 떠났지만 그의 꿈이 비로소 실현된 거예요.

하지만 로켓은 무시무시한 살상 무기로 인류를 위협하기도 했어요. 보다 앞서 독일의 폰 브라운이 만든 브이투(V-2)라는 로켓은 제2차 세계 대전 당시 런던을 비롯해 유럽의 여러 도시를 파괴했지요.

우리는 시원하지만 오존층은 파괴되는

에어컨

"이런! 인쇄 상태가 이상하네. 이런 더운 날씨에는 어쩔 수 없다는 거 알지만, 무언가 근본적인 대책이 필요하겠어."

윌리스 하빌랜드 캐리어는 미국 뉴욕 브루클린의 한 인쇄소에서 수리공으로 일하고 있었어요. 그런데 여름만 되면 높은 습도와 온도 때문에 종이가 변형되었고 색이 번지는 등의 문제가 발생했지요.

'이대로는 안 되겠어. 온도와 습도를 조절하는 기계가 필요해.'

캐리어는 연구를 거듭한 끝에, 1902년 마침내 새로운 기계를 발명했어요.

방 안의 공기를 필터로 빨아들여 냉장 코일로 보낸 다음 습기를 제거한 시원한 공기를 밖으로 내보내는 기계였지요. 이 기계는 인쇄소 안의 습도를 55퍼센트까지 낮추었고 공기를 시원하게 해 주었어요. 현대식 에어컨이 최초로 탄생한 거예요.

"자네 정말 대단해! 어떻게 이런 멋진 장치를 만든 거지?"

"맞아. 이건 우리만 쓰기 너무 아까운걸!"

에어컨에 대한 주위의 반응은 무척 좋았어요. 캐리어는 동업자들을 모아서 1915년에 캐리어 엔지니어링 코퍼레이션이라는 회사를 세웠지요. 그때부터 미국의 유명한 극장과 백화점, 백악관, 국회 의사당, 대법원 등 다양한 건물에 에어컨이 설치되었답니다.

캐리어가 발명한 에어컨은 이제 더위를 피하기 위한 필수품으로 자리 잡았어요. 버튼만 누르면 건물 안의 공기를 시원하게 해 주기 때문에 무더운 여름날도 쾌적하게 보낼 수 있지요.

그런데 에어컨은 환경 문제에 있어서는 환영받지 못하는 발명품이에요. 우리가 흔히 프레온 가스라 부르는 염화불화탄소는 에어컨 냉매로 쓰이는데, 그 기체가 하늘로 올라가면 오존층에 구멍을 내요. 1996년부터 세계 여러 나라들은 염화불화탄소 사용을 줄이기로 약속했지만 이미 공기 중에 퍼져 있는 염화불화탄소를 없애는 데만 약 100년의 시간이 걸린다고 해요.

또 염화불화탄소 문제는 둘째 치더라도 에어컨을 가동시키려면 전기 에너지가 많이 필요하기 때문에 에어컨 사용을 줄이자는 목소리가 높아지고 있어요.

흙먼지는 없지만 유해 물질을 내보내는

인조 잔디

　　인조 잔디는 얼핏 보면 잔디랑 똑같이 생겼지만, 합성 섬유로 이루어져 있어요. 실내 조경이나 운동 경기장 등에 흔히 쓰이지요.

　　인조 잔디는 1965년에 미국의 몬산토라는 회사에서 처음으로 선보였어요. 당시 미국은 야구와 미식축구 등 스포츠 경기에 대한 사람들의 열기가 굉장히 높았어요. 더불어 스포츠 관련 산업도 호황을 누렸지요. 그러자 스포츠 구단들은 관객들이 좀 더 쾌적한 환경에서 경기를 관람할 수 있도록 실내 경기장을 짓기 시작했어요. 미국의 프로 야구 구단 가운데 하나인 애스트로스

팀도 1965년에 실내 경기장인 애스트로돔을 지었지요.

애스트로돔의 인기는 대단했어요. 날씨와 상관없이, 또 모기 등 해충에 시달리지 않고도 경기를 관람할 수 있었지요. 그런데 한 가지 치명적인 단점이 있었어요. 유리판에 반사되는 햇빛 때문에 눈부심이 심했던 거예요. 구단 관계자들은 문제를 해결하기 위해서 유리에 회색 페인트를 발랐어요. 그런데 햇빛이 잘 들지 않자 이번에는 잔디가 시들고 잘 자라지 않았지요.

"무슨 좋은 방법이 없을까?"

"몬산토에서 개발한 인조 잔디를 까는 게 어떨까요? 관리도 쉽고 비용도 절감될 것 같은데요."

"그거 좋은 생각입니다."

애스트로돔이 인조 잔디로 새롭게 단장하자 그 편리함에 모두들 만족했어요. 햇빛과 물도 필요 없었고, 제초제나 비료가 들어갈 일도 없었지요. 또 사시사철 초록색이 선명해서 보기에도 좋았어요. 경기를 하는 데 있어서도 천연 잔디와 크게 다르지 않았지요.

인조 잔디는 빠르게 곳곳으로 퍼져 나갔어요. 관리할 필요가 거의 없으니 실내 경기장과 대형 상점, 공원 등에서 인기가 좋았지요.

인조 잔디가 처음 개발되어 나왔을 때 사람들은 천연 잔디의 불편함을 해결한 획기적인 발명품이라며 환영했어요. 하지만 점차 문제점이 드러나기 시작했어요. 인조 잔디가 낡으면 인체에 유해한 중금속이나 화학 물질이 배출된다는 게 밝혀졌고, 천연 잔디와 달리 넘어지면 화상이나 골절상을 입을 위험성도 높았지요. 또 수명이 짧아서 주기적으로 교체해야 했어요.

세균을 죽이고 더 강한 세균을 키우는
항생제

 감기에 걸렸거나 다쳤을 때 병원에서는 흔히 항생제를 처방해 줘요. 항생제에는 페니실린, 스트렙토마이신, 아미노 배당체 등 여러 종류가 있는데, 이 가운데 페니실린이 최초로 발견된 항생제이지요.
 페니실린을 처음 발견한 사람은 의사이자 세균학자인 알렉산더 플레밍이에요. 1928년 영국의 한 실험실에서 세균을 연구하던 플레밍은 이상한 현상을 발견했어요. 그는 포도상구균을 배양 접시에 키우고 있었는데 여기에 푸른곰팡이가 자라고 있었지요. 그런데 곰팡이 주변의 포도상구균들이 깨끗하

게 녹아 있었어요.

"설마 이 곰팡이가 포도상구균의 성장을 막는 걸까?"

플레밍의 가슴이 두근거렸어요. 포도상구균은 상처 부위에 침범해서 살을 썩게 만드는 무서운 세균인데, 어쩌면 이 균을 물리칠 수 있는 물질을 발견한 건지도 모른다는 생각이 들었지요. 플레밍은 수차례의 실험 끝에 이 곰팡이 속의 어떤 물질이 포도상구균을 죽게 한다는 것을 입증했고 이 곰팡이에서 추출한 물질을 페니실린이라고 이름 붙였어요.

페니실린은 포도상구균 외에도 뇌수막염균, 임질균, 디프테리아균 등 무서운 전염병을 일으키는 병원균들에도 효과가 컸어요. 그런데 페니실린을 정제해서 약으로 만들기까지는 10년이라는 긴 시간이 걸렸어요. 플레밍의 논문을 연구한 세균학자, 언스트 체인과 하워드 플로리 교수가 페니실린을 약품으로 만들어 내는 데 성공했지요.

페니실린은 제2차 세계 내전이 한창인 1943년에 전쟁터로 보내져시 수많은 군인들의 목숨을 살렸어요. 그 후로도 폐렴이나 결핵과 같은 무서운 병으로부터 사람들을 구하는 데에도 쓰였지요.

페니실린 이후 여러 항생제가 개발되어 세균이 일으키는 각종 질병으로부터 사람들을 구했어요. 하지만 항생제에도 치명적인 단점이 있었어요. 그건 바로 항생제를 너무 많이 복용하다 보면 항생제가 전혀 듣지 않는 강력한 세균이 생겨난다는 거예요. 세균은 항생 물질의 공격을 처음 받았을 때에는 쉽게 죽지만, 계속 공격을 받으며 약효를 떨어뜨리는 효소를 만들어 내거나 항생 물질이 알아내지 못하도록 몸의 구조를 바꾸지요. 때문에 항생제는 적절한 만큼 복용하는 것이 중요해요.

해충도 죽이고 사람도 죽이는

디디티

 1939년, 스위스의 과학자 파울 헤르만 뮐러는 해충제를 만들기 위한 연구에 한창이었어요. 그러던 어느 날, 놀라운 발견을 하게 되었지요.

 "이 물질을 쓰면 어떤 해충이라도 한번에 죽일 수 있겠어!"

 뮐러가 발견한 물질은 바로 디디티(DDT)라는 약품이었어요. 디디티는 호주의 한 화학자가 만든 약품인데 이 약품이 해충을 죽이는 데 탁월한 효과가 있다는 건 뮐러가 처음으로 알아냈지요.

 디디티의 효과는 대단했어요. 칙칙 뿌리기만 하면 모든 해충들이 순식간에 죽어 버렸지요. 디디티가 기적의 약이라며 온 세계가 기뻐했어요.

"디디티만 있으면 말라리아는 물론, 황열병, 뎅기열 등을 예방할 수 있습니다. 모기가 퍼뜨리는 질병은 모두 다 예방할 수 있습니다!"

실제로 디디티는 한 섬에서 말라리아를 박멸하는 데 지대한 공을 세우기도 했어요. 또 우리나라는 한국 전쟁이 끝난 직후 이가 옮기는 전염병인 발진티푸스 때문에 몸살을 앓고 있었는데, 디디티는 사람의 머리카락에 붙어 사는 이를 없애는 데도 아주 효과적이었지요. 당시 학교나 공공 기관에서는 사람들을 줄지어 세워 놓고 머리에 디디티를 뿌렸어요. 또 농작물에 피해를 주는 해충들을 없애 주었기 때문에 농작물의 생산량이 크게 늘어났지요.

그런데 오래지 않아서 디디티가 해충을 죽이는 것만큼 사람에게도 해를 끼친다는 사실이 알려지게 되었어요. 디디티는 식물이나 동물의 몸에 들어가면 분해되지 않고 몸속에 차곡차곡 쌓여요. 그래서 디디티를 먹은 곤충, 그 곤충을 먹은 새, 새를 먹은 독수리까지 먹이 연쇄를 따라 디디티가 높은 농도로 쌓여 큰 피해를 주지요. 물론 디디티에 피해를 입을 수 있는 건 인간도 마찬가지예요. 디디티는 신경 장애를 일으키고 심하면 목숨을 빼앗아 갈 수 있는 위험한 약이에요.

뮐러는 디디티 발견으로 1948년에 노벨 생리의학상을 받았어요. 하지만 그로부터 20년도 채 지나지 않아 디디티는 심각한 환경 문제를 일으켰고 1970년대 이후로 많은 나라들이 디디티의 사용을 금지했지요.

이제 모든 나라들이 농작물에 디디티 사용을 금지하고 있어요. 하지만 일부 나라에서는 질병을 옮기는 곤충을 죽이는 데는 종종 쓰이고 있어 여전히 논란이 되고 있지요.

수확량은 늘지만 생태계를 교란시키는
유전자 재조합 식품

식품의 생산성이나 질을 높이기 위하여 본래의 유전자를 새롭게 조작하거나 변형시켜 만든 식품을 유전자 변형 식품이라고 해요.

유전자 재조합 식품이 처음 나온 건 1994년 미국에서였어요. 칼진이라는 기업에서 무르지 않는 토마토를 개발해 세상에 내놓았고 미국 식품 의약국의 허가를 받아 판매에 들어갔지요. 잘 익은 토마토가 쉽게 무르는 것을 방지하기 위해서 숙성에 관여하는 유전자의 작용을 막은 토마토였어요.

"대단한 기술이군요! 토마토를 더 멀리, 더 쉽게 운송할 수 있는 길이 열렸어요."

"유전자를 바꾼 토마토……. 왠지 좀 찜찜한 기분이 듭니다."

유전자 재조합 식품을 대하는 사람들의 반응은 이렇게 둘로 나뉘었어요.

유전자 재조합 식품을 환영하는 사람들은 '대량 생산이 가능하다', '운송이 쉽다', '값이 저렴하다', '농산물의 질을 높일 수 있다', '미래 지구 식량난에 도움이 된다' 등의 이유를 들었어요. 그리고 반대하는 사람들은 '안정성이 입증되지 않았다', '생태계가 파괴될 수 있다'며 목소리를 높였지요.

여러 논란을 뒤로 하고 1996년에는 독성이 강한 제초제도 견뎌 내는 콩이 개발되었어요. 또 애벌레에게 치명적인 독소를 만드는 세균에게서 독소 유전자를 추출해, 그 유전자를 이식해서 만든 옥수수, 감자, 목화 등도 생산되었지요.

유전자 재조합 식품은 하루가 다르게 그 종류와 생산량이 늘어나고 있어요. 특히 값싸게 식품을 만들 수 있다는 장점 때문에 다국적 기업들은 너도 나도 유전자 재조합 식품 개발에 뛰어들었지요. 현재 전 세계에 유통되는 유전자 재조합 식품은 50여 가지나 되어요.

하지만 이런 유전자 재조합 식품은 장기적으로 섭취할 경우 몸에 이상을 일으킬 수 있고, 생태계를 교란시킬 위험이 있어요.

강력한 에너지가 인류에 재앙을 불러온다면?
핵에너지

　1945년 8월 6일 아침 일본 히로시마에서 있었던 일이에요. 갑자기 온 세상이 불덩어리로 돌변했어요. 그리고 고막이 찢어질 정도로 끔찍한 굉음이 하늘과 땅을 거세게 뒤흔들었지요. 잠시 후 사방이 깜깜한 암흑세계로 변해 버렸어요.

　미국이 쏜 원자 폭탄 '리틀보이'가 히로시마에 떨어지면서 일어난 일이었지요. 이 일로 히로시마에서 약 7만 명이 목숨을 잃었고 11만 명이 부상을 당했어요. 핵에너지가 무시무시한 괴물로 변해 인류를 위협할 수 있다는 사실이 전 세계에 알려진 순간이었지요.

1938년 독일의 물리학자 오토 한과 프리츠 슈트라스만은 우라늄의 원자핵(원자의 중심부를 이루는 입자)을 분열시키는 실험을 하다가 놀라운 사실을 발견했어요. 우라늄 원자핵 하나가 쪼개질 때 어마어마한 에너지가 발생한다는 것을 알게 된 거예요.

'만약 원자핵 수천 개를 분열시키면 얼마나 강력한 에너지가 발생할까?'

그 뒤로 과학자들은 석유와 석탄을 대체할 만한 이 강력한 에너지원을 개발하기 위해 연구를 거듭했어요. 그리고 1942년, 이탈리아의 물리학자 엔리코 페르미가 세계 최초의 원자로인 시카고 파일 1호를 완성시켰어요.

하지만 이 원자로는 사람들의 생활을 윤택하게 만들어 주는 데 쓰이지 않았어요. 핵무기인 원자 폭탄의 연료를 만드는 데 쓰인 것이죠.

그렇다면 핵을 에너지를 만드는 데에만 사용하고 무기로 개발하지 않으면 되는 걸까요?

그렇지 않아요. 핵 발전은 다른 말로 원자력 발전이라고 흔히 말하는데, 원자 폭탄과 같은 원리로 움직여요. 원자 폭탄이 한꺼번에 어마어마한 힘으로 폭발하는 거라면 원자력 발전소는 원자를 느린 속도로 분열시켜서 에너지를 얻는 거예요. 하지만 원자력 발전소는 100퍼센트 안전하게 관리하기 어려워요. 1986년 4월의 소련 체르노빌 원자력 발전소 폭발 사고와 2011년 3월의 일본 후쿠시마 원자력 발전소의 방사능 유출 사고를 보면 원자력 발전소가 곧 다른 이름의 원자 폭탄이 될 수 있다는 것을 알 수 있지요.

위대한 발명 연표

BC 4241년경	1년 365일 달력(이집트)	1595년	현미경(한스 얀센, 자하리야 얀센)
BC 3500년경	돛(이집트), 바퀴(메소포타미아)	1593년	공기 온도계(갈릴레오 갈릴레이)
BC 3000년경	오븐(이집트), 종(중국)	1596년	수세식 변기(존 해링턴)
BC 2800년경	댐(이집트), 의자(이집트)	1608년	망원경(한스 리퍼세이)
BC 2500년경	양변기(인도), 유리(이집트) 하수관(인도)	1624년경	잠수함(코넬리우스 드레벨)
		1682년	압력솥(드니 파팽)
BC 2000년경	마취(이집트), 수도(마노스) 알파벳(이집트), 우산(중국)	1714년	수은 온도계(단테 가브리엘 파렌하이트)
		1752년	피뢰침(벤저민 프랭클린)
BC 1500년경	가위(이집트), 물시계(이집트) 해시계(이집트)	1769년	증기 기관(제임스 와트)
		1770년	지우개(조셉 프리스틀리)
BC 1000년경	샌드위치(히타이트족), 연(중국) 주판(메소포타미아)	1783년	낙하산(루이 세바스티앙 르노르망) 열기구(몽골피에 형제)
BC 550년경	기중기(그리스)	1791년	미터법(프랑스) 틀니(니콜라 듀보아 드셰망)
BC 260년경	지레(아르키메데스)		
BC 250년경	못(로마)	1792년	가스등(윌리엄 머독)
BC 200년경	풍차(중국, 페르시아)	1796년	천연두 백신(에드워드 제너)
105년	종이(채륜)	1800년	잠수함(로버트 풀턴)
220년경	나침반(중국)	1802년	가스레인지(제카우스 빈츨러) 분유(오지프 크리체프스키)
589년경	화장지(중국)		
700년경	물레(인도)	1804년	글라이더(조지 케일리)
850년경	화약(중국)	1810년	통조림 식품(피터 듀랜드)
806년경	지폐(중국)	1818년	소화기(조지 맨비) 터널 굴착기(마크 브루넬)
1277년경	지뢰(중국)		
1440년경	인쇄기(구텐베르크)	1819년	청진기(르네 라에네크)
1441년경	측우기(장영실)	1821년	전기 모터(마이클 패러데이)
1498년경	칫솔(중국)	1824년	점자(루이 브라유), 풍선(마이클 패러데이)
1564년	연필(영국)	1826년	사진(조제프 니세포르 니에프스)

연도	발명품 (발명가)
1827년	만년필(루이스 워커), 성냥(존 워커)
1828년	연필깎이(베르나르 라시몽)
1834년	재봉틀(월터 헌트)
1835년	백열전구(제임스 바우맨 린제이)
1840년	우표(로울랜드 힐)
1842년	에테르 마취제(크로포드 롱), 팩스기(알렉산더 베인)
1843년	타자기(찰스 서버)
1844년	모스 부호(사무엘 모스)
1845년	공기 타이어(로버트 톰슨)
1847년	클로로포름 마취제(제임스 심슨)
1849년	안전핀(월터 헌트)
1852년	비행선(앙리 지파르)
1853년	엘리베이터(엘리샤 오티스)
1857년	자동판매기(시메온 덴함)
1862년	냉장고(제임스 해리슨), 기관총(리처드 개틀링), 저온 살균(루이 파스퇴르, 클로드 베르나르)
1866년	다이너마이트(알프레드 노벨), 건전지(조르주 르클랑셰)
1867년	지우개 달린 연필(하이만), 철근 콘크리트(조셉 모니에)
1868년	신호등(존 나이트), 마가린(메주 무리에)
1870년	트럭(존 율)
1873년	케이블카(앤드류 스미스 핼리디), 청바지(리바이 스트라우스)
1874년	가시철조망(조셉)
1876년	전화기(알렉산더 그레이엄 벨), 마이크(에밀 베를리너)
1877년	축음기(토머스 에디슨)
1879년	백열전구(토머스 에디슨)
1880년	콜레라 백신(루이 파스퇴르), 인큐베이터(에티엔 스테판 타르니에, 오딜 마틴)
1882년	선풍기(휠러), 전기다리미(헨리 실리)
1885년	현대식 안전 자전거(존 켐프 스탈리), 모터사이클(고틀립 다임러, 빌헬름 마이바흐)
1885년	광견병 백신(루이 파스퇴르)
1886년	식기세척기(조세픈 코크레인), 자동차(다임러, 마이바흐, 벤츠)
1887년	콘택트렌즈(아돌프 픽)
1888년	고무 타이어(존 보이드 던롭), 볼펜(존 로우드), 브래지어(헤르미니 카돌)
1889년	공중전화(윌리엄 그레이), 전기 드릴(아서 아르놋)
1891년	무선 통신(니콜라 테슬라), 왕관형 병뚜껑(윌리엄 페인터)
1892년	보온병(제임스 듀어), 에스컬레이터(제시 리노), 지문 감식(후안 부세티츠)
1893년	지퍼(휘트콤 저드슨)
1895년	무선 통신(마르케스 마르코니), 엑스선(빌헬름 뢴트겐)
1896년	방사능(앙투안 베크렐), 전기난로(윌리엄 헤이더웨이)
1897년	전자(조지프 톰슨)
1898년	헤로인(펠릭스 호프만)

연도	발명품	연도	발명품
1899년	아스피린(펠릭스 호프만)		전기면도기(제이콥 시크)
1900년	혈액형(카를 란트슈타이너)		컬러 텔레비전(존 로지 베어드)
1900년경	세탁기(미국)		페니실린(알렉산더 플레밍)
1901년	인스턴트 커피(사토리 카토)	1930년	테이프(리처드 드류)
	일회용 면도기(킹 캠프 질레트)	1931년	스테레오 음향(알란 블럼라인)
	수은등(피터 쿠퍼 휴이트)		일렉 기타(아돌프 리켄베커)
	진공청소기(허버트 세실 부스)		전자 현미경(에른스트 루스카)
1902년	에어컨(윌리스 캐리어)		전파 망원경(구테 잰스키)
1903년	비행기(라이트 형제)	1932년	비닐 레코드판(RCA 빅터사)
1904년	유모차(리들사)		지포 라이터(조지 블레이스델)
1907년	합성 세제(프리츠 헨켈)	1933년	FM 라디오(에드윈 암스트롱)
1908년	티백(토머스 설리번)		도로표지병(퍼시 쇼)
1909년	베이클라이트(리오 베이클랜드)	1934년	십자나사못(헨리 필립)
1910년	네온등(조르주 클로드)	1935년	나일론(월리스 캐러더스), 레이더(왓슨 와트)
	레이온(아메리칸 비스코스사)	1936년	선탠 로션(외젠 슈엘러)
	알루미늄 호일(J.G.네어, 선즈사)		에폭시 수지(피에르 카스탄 & 실반 그린리)
1913년	스테인리스 강철(해리 브리얼리)		일회용 기저귀(폴리스트롬브룩사)
	컨베이어 벨트(헨리 포드)		조종사용 선글라스(바슈롬사)
1914년	브래지어(메리 P. 제이콥)	1937년	쇼핑 카트(실번 골드만)
1915년	립스틱(모리스 레비)		제트 엔진(프랭크 휘틀 & 한스 폰 오하인)
	방독면(니콜라이 젤린스키)		혈액은행(찰스 드류)
1919년	콘센트(존 J. 롤링스)	1938년	섬유 유리(게임스 슬레이터 & 존 토머스)
1920년	일회용 반창고(얼 딕슨)		탄도 미사일(발터 도른베르거)
1921년	거짓말 탐지기(존 오거스터스 라슨)	1939년	헬리콥터(이고르 시코르스키)
1922년	믹서기(스티븐 포를로스키)		전자식 컴퓨터(존 아타나소프, 클리포드 베리)
1923년	면봉(레로 저스텐장), 불도저(제임스 커밍스)		현금 인출기(미국)
1924년	급속 냉동 식품(클라렌스 버즈아이)		디디티(파울 헤르만 뮐러)
	종이 티슈(킴벌리 클라크사)	1940년	실리콘 고무(유진 로코우)
1926년	PVC(왈도 세몬), 텔레비전(존 로지 베어드)	1941년	디지털 컴퓨터(콘라드 추제)
	형광등(에드먼드 저머)		페니실린 생산(노먼 히틀리)
1928년	심장박동기(마크 리드웰)	1942년	야간 투시경(윌리엄 스파이서)
			초강력 순간 접착제(해리 쿠버)
		1943년	신장 투석기(빌렘 J. 콜프)
		1945년	원자 폭탄
			전자 음악 신디사이저(휴 르 카인)

1946년	화학 요법(알프레드 길만, L 루이스 S. 굿맨)
1947년	방사성 탄소 연대 측정법(윌리엄 프랭크 리비) 초음속 비행기, 트랜지스터(존 바딘, 윌리엄, 쇼클리, 월터 브래튼) 폴라로이드 카메라(에드윈 랜드)
1948년	기상 레이더, 로봇(윌리엄 그레이 월터) 케이블 텔레비전(존 왈슨)
1949년	무선 호출기(알프레드 J. 그로스) 수성 페인트(기든사) 인공호흡기(존 에머슨)
1950년	신용 카드(프랭크 맥나마라) 텔레비전 리모컨(제니스사)
1951년	수소 폭탄(에드워드 텔러, 스태니슬로 울람) 수정액(베티 그레이엄), 원자로(월터 진)
1952년	광섬유(내린더 싱 캐이퍼니) 소아마비 백신(조나스 솔크) 에어백(존 W. 헤트릭) 바코드(버나드 실버, 노먼 우드랜드)
1953년	전자레인지(퍼시 스펜서) 인조 다이아몬드(발트자르 폰 플라텐)
1954년	태양 전지(벨 연구소) 자동문(디 호톤, 류 휴잇) 음주 측정기(로버트 보르켄슈타인)
1955년	과속 감시 카메라(마우리츠 하초니더스) 벨크로(게오르그 드 메스트랄)
1956년	경구피임약(그레고리 핀커스, 존 록) 인공 지능(존 맥카시) 커터칼(요시다 오카다) 인공 심장(폴 윈첼)
1957년	인공위성(소련)
1958년	내시경(바실 허쇼위츠)
1959년	우주 탐사선(소련) 3점식 안전벨트(닐슨 볼린)
1961년	산업용 로봇(조지 데볼, 조지프 엥겔버거)
1962년	우주망원경(NASA)
1963년	오디오 카세트(필립스사)
1973년	휴대 전화(모토로라사)
1989년	월드 와이드 웹(팀 버너스리)
1998년	라이프 스트로(미켈 베스터가드 프란센)

세상을 바꾼 놀라운 발명 이야기
그래서 이런 발명품이 생겼대요

초판 발행 _ 2014년 5월 30일
초판 7쇄 발행 _ 2021년 2월 19일

글쓴이 _ 우리누리
그린이 _ 이창우
발행인 _ 이종원
발행처 _ 길벗스쿨
출판사 등록일 _ 2006년 6월 16일
주소 _ 서울시 마포구 월드컵로 10길 56 (서교동)
대표전화 _ (02)332-0931 / **팩스** _ (02)323-0586
홈페이지 _ school.gilbut.co.kr / **이메일** _ gilbut@gilbut.co.kr

기획 및 책임편집 _ 김언수 / **제작** _ 이준호, 손일순, 이진혁 / **영업마케팅** _ 진창섭, 강요한 / **웹마케팅** _ 황승호
영업관리 _ 정경화 / **독자지원** _ 송혜란, 윤정아
디자인 _ 이현주 / **필름출력 및 인쇄** _ 상지사피앤비 / **제본** _ 신정제본

ⓒ 우리누리 2014

잘못된 책은 구입한 서점에서 바꿔 드립니다.
이 책에 실린 모든 내용, 디자인, 이미지, 편집 구성의 저작권은 길벗스쿨과 지은이에게 있습니다.
허락 없이 복제하거나 다른 매체에 옮겨 실을 수 없습니다.

ISBN 978-89-6222-725-3 (73500)
          (길벗스쿨 도서번호 200153)

독자의 1초를 아껴주는 정성 **길벗출판사**
길벗 IT실용서, IT/일반 수험서, IT전문서, 경제실용서, 취미실용서, 건강실용서, 자녀교육서
더퀘스트 인문교양서, 비즈니스서
길벗이지톡 어학단행본, 어학수험서
길벗스쿨 국어학습서, 수학학습서, 유아학습서, 어학학습서, 어린이교양서, 교과서